Netzwerk neu

A1 | Testheft
mit Audios

Karin Ransberger
Margret Rodi
Kirsten Althaus

Alles Digitale zu diesem Buch kann auf der Lernplattform **allango** von Ernst Klett Sprachen abgerufen werden. So geht's:

| QR-Code scannen oder **www.allango.net** aufrufen | Buchtitel oder ISBN in der Suche eingeben und auf das Buchcover klicken | Zu Inhalt navigieren, direkt abrufen oder speichern |

Ernst Klett Sprachen
Stuttgart

Autorinnen: Karin Ransberger, Margret Rodi, Kirsten Althaus
Redaktion: Annette Kretschmer
Herstellung: Alexandra Veigel
Gestaltungskonzept: Petra Zimmerer, Nürnberg; Alexandra Veigel
Layoutkonzeption: Petra Zimmerer, Nürnberg
Umschlaggestaltung: Anna Wanner

Illustrationen: Florence Dailleux, Frankfurt
Satz: Regina Krawatzki, Stuttgart
Reproduktion: Meyle + Müller GmbH + Co. KG, Pforzheim
Titelbild: Dieter Mayr, München

Informationen und zu diesem Titel passende Produkte finden Sie auf www.klett-sprachen.de/netzwerk-neu

1. Auflage 1 ^{6} ^{5} ^{4} | 2027 26 25

© Ernst Klett Sprachen GmbH, Rotebühlstraße 77, 70178 Stuttgart, 2020.
Alle Rechte vorbehalten. Die Nutzung der Inhalte für Text- und Data-Mining ist ausdrücklich vorbehalten und daher untersagt.
www.klett-sprachen.de

Das Werk und seine Teile sind urheberrechtlich geschützt. Jede Nutzung in anderen als den gesetzlich zugelassenen Fällen bedarf der vorherigen schriftlichen Einwilligung des Verlags.

Druck und Bindung: Elanders Waiblingen GmbH

ISBN 978-3-12-607159-8

Inhalt

Einleitung	4
1 Guten Tag!	6
2 Freunde, Kollegen und ich	9
3 In Hamburg	12
4 Guten Appetit!	15
5 Alltag und Familie	18
6 Zeit mit Freunden	21
7 Arbeitsalltag	24
8 Fit und gesund	28
9 Meine Wohnung	31
10 Studium und Beruf	34
11 Die Jacke gefällt mir!	37
12 Ab in den Urlaub!	41
Anhang	
Transkripte	44
Lösungen	49
Bewertung und Benotung	54
Quellenverzeichnis	56

Symbole im Testheft

🔊 Hören Sie den Text.

[P] SD   Diese Aufgabe bereitet Sie auf die Prüfung *Start Deutsch 1* vor.

[P] ÖSD   Diese Aufgabe bereitet Sie auf die Prüfung *ÖSD Zertifikat A1* vor.

👤 Sprechen Sie allein.

👥 Sprechen Sie mit einem Partner / einer Partnerin.

👪 Sprechen Sie in der Gruppe.

Einleitung

Für wen ist das Testheft?

Das Testheft eignet sich sowohl zum Testen als auch zum Üben. Es richtet sich an Lehrende, die den Leistungsstand ihrer Teilnehmenden ermitteln wollen, und an Lernende, die sich eigenständig testen möchten.

Was für Tests enthält dieses Heft?

Sie finden hier Lernfortschritttests zu jedem Kapitel von *Netzwerk neu A1*.
Die Tests folgen dem handlungsorientierten Ansatz des Lehrwerks. Mithilfe der Tests können Sie kontrollieren, ob die Lernenden den Lernstoff der einzelnen Kapitel beherrschen. Deshalb gibt es Aufgaben zu Wortschatz und Grammatik sowie zu den Fertigkeiten Hören, Lesen, Schreiben und Sprechen.

Viele Testaufgaben entsprechen im Format den Prüfungsaufgaben aus *Start Deutsch 1* des Goethe-Instituts und der telc gGmbH und aus *Zertifikat A1* des ÖSD. In der Übersicht auf S. 5 sehen Sie, welche Prüfungsaufgaben in welchem Test geübt werden.

Wie sind die Tests aufgebaut?

Jeder Test besteht aus acht verschiedenen Teilaufgaben. Für jede Aufgabe kann man maximal 5 Punkte bekommen. Insgesamt kann man pro Test 40 Punkte erreichen.
Die Tests beginnen immer mit Aufgaben zum Hörverstehen und schließen ab Test zwei mit einer Sprechaufgabe ab.

Wie werden die Tests bewertet?

Die Bewertung orientiert sich am Bewertungssystem für die A1-Prüfungen von Goethe-Institut und telc: Mit 60 % der Punktzahl, also mit 24 Punkten, hat man bestanden.
Die Bewertung und Benotung im Detail:

```
40 – 37 Punkte = sehr gut (1)
36 – 33 Punkte = gut (2)
32 – 29 Punkte = befriedigend (3)
28 – 24 Punkte = ausreichend (4)
Unter 24 Punkten = nicht bestanden
```

Wie macht man die Tests?

Sie können die Tests im Unterricht machen. Den Testteil Sprechen können Sie kopieren und ausschneiden.
Im Anhang finden Sie einen Lösungsschlüssel. Die Testteile Schreiben und Sprechen bewerten Sie.
Die Lernenden können die Tests auch allein zu Hause machen. Dann brauchen sie aber jemanden, der die Testteile Schreiben und Sprechen bewertet, und für manche Testaufgaben beim Sprechen auch noch einen oder mehrere Partner*innen.

Prüfungsaufgaben im Testheft

	Start Deutsch 1	*ÖSD Zertifikat A1*
Hören		
Aufgabe 1	Test 4, Aufgabe 1 (S. 15) Test 11, Aufgabe 1 (S. 37)	Test 5, Aufgabe 2 (S. 18) Test 9, Aufgabe 2 (S. 31)
Aufgabe 2	Test 12, Aufgabe 1 (S. 41)	Test 3, Aufgabe 1 (S. 12) Test 6, Aufgabe 1 (S. 21)
Aufgabe 3	Test 8, Aufgabe 1 (S. 28)	Test 10, Aufgabe 1 (S. 34)
Lesen		
Aufgabe 1	Test 5, Aufgabe 6 (S. 20)	Test 10, Aufgabe 7 (S. 36)
Aufgabe 2	Test 12, Aufgabe 5 (S. 42)	Test 7, Aufgabe 5 (S. 25)
Aufgabe 3	Test 6, Aufgabe 6 (S. 22)	Test 8, Aufgabe 6 (S. 30)
Schreiben		
Aufgabe 1	Test 7, Aufgabe 7 (S. 27) Test 10, Aufgabe 6 (S. 35)	Test 2, Aufgabe 7 (S. 11)
Aufgabe 2	Test 6, Aufgabe 7 (S. 23) Test 8, Aufgabe 7 (S. 30) Test 12, Aufgabe 6 (S. 43)	Test 7, Aufgabe 6 (S. 26) Test 9, Aufgabe 7 (S. 33) Test 11, Aufgabe 7 (S. 40)
Sprechen		
Aufgabe 1	Test 2, Aufgabe 8 (S. 11)	Test 10, Aufgabe 8 (S. 36)
Aufgabe 2	Test 4, Aufgabe 8 (S. 17) Test 9, Aufgabe 8 (S. 33) Test 11, Aufgabe 8 (S. 40)	Test 12, Aufgabe 7 (S. 43)
Aufgabe 3	Test 8, Aufgabe 8 (S. 30)	Test 5, Aufgabe 8 (S. 20) Test 12, Aufgabe 8 (S. 43)

Autorinnen und Verlag wünschen viel Spaß und Erfolg!

1 Guten Tag!

Guten Tag!

1 Hören Sie. Welche Antwort passt? Kreuzen Sie an.

0. [a] Es geht! [X] Ich heiße Niklas.
1. [a] Danke, sehr gut! [b] Guten Morgen.
2. [a] Ich bin Niklas. [b] Auch gut, danke.
3. [a] Tschüs! Bis bald! [b] Entschuldigung!
4. [a] Guten Morgen, Frau Weber! [b] Auf Wiedersehen!
5. [a] Danke, sehr gut. [b] Entschuldigung, wie heißen Sie? ___/5

2 Hören Sie zweimal. Sind die Sätze richtig oder falsch? Kreuzen Sie an.

0. Die Frau kommt aus Hannover. Richtig / ~~Falsch~~
1. Der Mann heißt Boris Schmidt. Richtig / Falsch
2. Er kommt aus der Schweiz. Richtig / Falsch
3. Er wohnt in Salzburg. Richtig / Falsch
4. Er spricht Deutsch und Italienisch. Richtig / Falsch
5. Er lernt Arabisch. Richtig / Falsch ___/5

3 Ergänzen Sie das richtige Fragewort.

Wie | ~~Woher~~ | Wo | Welche | Woher | Wer

0. ○ _Woher_ kommst du?
   ● Aus Berlin.

1. ○ _____ ist das?
   ● Das ist Viktoria Kurz.

2. ○ _____ Sprachen spricht sie?
   ● Spanisch, Englisch und Deutsch.

3. ○ _____ kommt sie?
   ● Aus Deutschland.

4. ○ _____ wohnt sie?
   ● In Frankfurt.

5. ○ Und er? _____ heißt er?
   ● Martin Berg. ___/5

6 sechs

Guten Tag! **1**

4 Schreiben Sie W-Fragen und Aussagesätze.

0. in München / wohnt / er / .
   Er wohnt in München.

1. Sie / wie / heißen / ?
   _____

2. aus der Schweiz / ich / komme / .
   _____

3. kommst / du / woher / ?
   _____

4. ist / Luca Mendoza / mein Name / .
   _____

5. Sie / welche Sprachen / sprechen / ?
   _____   ___/ 5

5 Ergänzen Sie die Verben in der richtigen Form.

0. Ich *lerne* Französisch. (lernen)
1. Das _____ Natalia. (sein)
2. Sie _____ Englisch und Arabisch. (sprechen)
3. Wie _____ du? (heißen)
4. Er _____ in der Schweiz. (wohnen)
5. Woher _____ Sie? (kommen)   ___/ 5

6 Ergänzen Sie Land oder Sprache.

Land	Sprache
0. *Deutschland, Österreich, Schweiz*	Deutsch
1. Russland	
2.	Polnisch
3. Japan	
4. Frankreich	
5.	Italienisch

___/ 5

sieben **7**

1 Guten Tag!

7 Lesen Sie und notieren Sie die Informationen.

Das ist Saki Tanaka.
Sie kommt aus Japan.
Saki wohnt in Berlin.

0. Name: _Saki Tanaka_
1. Land: _____
2. Stadt: _____

Er heißt Kateb Brahim.
Kateb wohnt in Paris.
Er spricht Arabisch
und Französisch und
er lernt Deutsch.

3. Name: _____
4. Stadt: _____
5. Sprachen: _____
_____ ___/5

8 Ergänzen Sie das Formular. Fiktive Antworten sind auch gut.

Anmeldung – Deutschkurs A1

1. Name _____
2. Land _____
3. Sprachen _____
_____
4. Telefonnummer _____
5. E-Mail-Adresse _____

___/5

___/40

8 acht

Freunde, Kollegen und ich

1 Hören Sie. Sind die Sätze richtig oder falsch? Kreuzen Sie an.

0. Tanja und Martin gehen am Freitag ins Theater.   Richtig   F̶a̶l̶s̶c̶h̶
1. Cem und Elias spielen zusammen Fußball.   Richtig   Falsch
2. Paula hat am Montag frei.   Richtig   Falsch
3. Lena ist Studentin.   Richtig   Falsch
4. Herr Wenzel ist Journalist.   Richtig   Falsch
5. Anna Schulte ist Ärztin.   Richtig   Falsch

___ / 5

2 Hören Sie zweimal. Welche Telefonnummer ist richtig? Kreuzen Sie an.

0. ☒ 0176 23 24 54 78   b 0178 23 42 54 78
1. a 0421 89 75 54   b 0421 89 74 45
2. a 0165 886 732 14   b 0156 887 632 14
3. a 030 787 65 42   b 030 786 75 42
4. a 07171 88 34 01   b 01717 88 34 01
5. a 0221 16 20 137   b 0221 16 20 173

___ / 5

3 Was passt nicht? Streichen Sie durch.

0. d̶e̶r̶ ̶K̶r̶a̶n̶k̶e̶n̶p̶f̶l̶e̶g̶e̶r̶ – der Partner – der Freund – der Kollege
1. lesen – schwimmen – kochen – arbeiten
2. die Ärztin – die Freundin – die Ingenieurin – die Journalistin
3. der Wohnort – der Club – das Geburtsdatum – die Straße
4. der Mittwoch – der Dienstag – der Donnerstag – das Wochenende
5. das Krankenhaus – das Theater – das Kino – das Museum

___ / 5

neun 9

2 Freunde, Kollegen und ich

4 Schreiben Sie Ja-/Nein-Fragen.

0. du / ins Stadion / am Sonntag / gehst / ?
   Gehst du am Sonntag ins Stadion?

1. Studenten / ihr / seid / ?
   _____

2. singt / gut / Julia / ?
   _____

3. wir / am Samstag / ins Museum / gehen / ?
   _____

4. morgen / Sie / arbeiten / ?
   _____

5. am Sonntag / Fußball / spielt / er / ?
   _____

___/ 5

5 Ergänzen Sie die Verben in der richtigen Form.

0. Ich *studiere* (studieren) an der Universität.
1. _____ (sein) du Polizistin?
2. Sara _____ (lesen) sehr gern.
3. _____ (haben) er am Wochenende frei?
4. Wo _____ (arbeiten) ihr?
5. Wir _____ (sprechen) gut Französisch.

___/ 5

6 Ergänzen Sie die Artikel und die Pluralformen.

0. *der* Koch   *die Köche*
1. ____ Foto   _____
2. ____ Buch   _____
3. ____ Stunde _____
4. ____ Lehrer _____
5. ____ Tag   _____

___/ 5

2 Freunde, Kollegen und ich

7 Sie möchten einen Yogakurs besuchen. Bei der Anmeldung müssen Sie ein Formular ausfüllen. Bitte füllen Sie das Formular aus. Sie können die Antworten auch erfinden (z. B. anderer Name, anderes Geburtsdatum …).

Anmeldung

1. Vorname _____
2. Nachname _____
3. Geburtsdatum _____
4. Straße, Hausnummer _____
5. Postleitzahl, Wohnort _____

___ / 5

8 Sprechen Sie: Wer sind Sie?

Ich heiße Niklas Jamek.

Name?
Alter?
Land?
Wohnort?
Sprachen?
Beruf?
Hobby?

___ / 5

___ / 40

3 In Hamburg

In Hamburg

1 Lesen Sie die Aufgabe gut durch. Sie haben 30 Sekunden Zeit. Situation: Sie hören folgende Nachricht. Hören Sie gut zu und schreiben Sie die wichtigsten Informationen auf das Notizblatt. Sie hören den Text zwei Mal.

Notizen

0. Wer: *Philipp*
1. Was: ins _____ gehen
2. Wann: am _____
3. Wo: im _____
4. Wie: U-Bahn und dann _____
5. Telefonnummer: _____

___/5

2 Hören Sie. Welche Antwort passt? Kreuzen Sie an.

0. a) Ja, ich habe eine Fahrkarte.
   ☒ Nein, ich fahre Fahrrad.
1. a) Das ist keine Kirche.
   b) Gehen Sie geradeaus und dann rechts.
2. a) Am Sonntag.
   b) Ich habe kein Ticket.
3. a) Das ist ein Fluss.
   b) Ja, das ist ein Fluss.
4. a) Ja, das ist ein Festival.
   b) Nein, das sind keine Konzertkarten.
5. a) Ja, sehr gern.
   b) Ja, das ist ein See.

___/5

3 Lesen Sie den Text. Ergänzen Sie die Wörter.

Filme | interessant | Oktober | fotografiere | Hafen | ~~Stadt~~

Hamburg – Hier wohne ich!

Die (0) *Stadt* ist toll! Ich bin im Sommer gern am (1) _____, da fahren viele Schiffe. Und kennst du das Konzerthaus, die Elbphilharmonie? Ich (2) _____ die Elbphilharmonie sehr gern. Sie ist sehr schön. Meine Freundin und ich gehen auch gern zusammen ins Kino. Im September und (3) _____ ist das Filmfest. Da gibt es über 100 (4) _____. Das ist einfach super und sehr (5) _____. Wir lieben es.

___/5

12 zwölf

3 In Hamburg

4 **Ergänzen Sie. Wie heißt das Lösungswort?**

1. 250 km/h. Der Zug fährt sehr …
2. Der Turm vom Rathaus ist 112 Meter …
3. Die Häuser sind über 400 Jahre …
4. Das Rathaus ist 111 Meter …
5. Die Köhlbrandbrücke ist 17,6 Meter breit und 3,6 Kilometer …

Lösung: das _ _ _ _ _

___/5

5 **Welcher Artikel passt? Schreiben Sie.**

~~ein~~ | eine | der | die | kein | keine

0. ○ Ist das ein Theater?
   ● Nein, das ist *ein* _____ Kino.

1. ○ Was ist das?
   ● Das ist _____ Kirche.

2. ○ Ist das eine Konzertkarte?
   ● Nein, das ist _____ Konzertkarte. Ich gehe ins Kino.

3. ○ Was ist das?
   ● Das ist ein Markt. _____ Markt heißt Viktualienmarkt.

4. ○ Wie heißt der See?
   ● Das ist _____ See. Das ist ein Fluss.

5. ○ Ist Berlin schön?
   ● Ja, _____ Stadt ist einfach toll.

___/5

6 **Wo ist …? Schreiben Sie die Sätze im Imperativ.**

0. Wo ist das Schwimmbad?
   *Gehen Sie links und dann rechts*_____. (gehen ←, dann →)

1. Entschuldigung, wo ist die U-Bahn?
   _____. (gehen ↑, dann →)

2. Wo ist der Markt, bitte?
   _____. (fahren →, dann ←)

3. Entschuldigung, wo ist das Kino?
   _____. (gehen →, dann ↑)

4. Wo ist bitte die Kirche?
   _____. (fahren ↑, dann ←)

5. Wo fährt der Bus?
   _____. (gehen ←, dann ↑)

___/5

dreizehn **13**

3 In Hamburg

7 Schreiben Sie die Wörter mit Artikel.

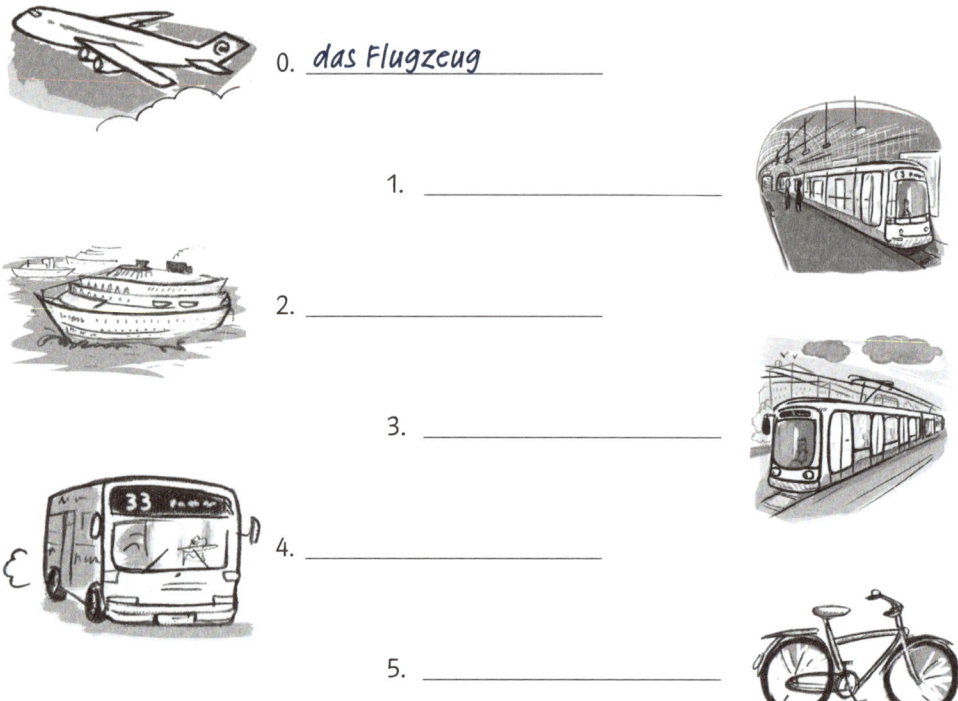

0. das Flugzeug
1. _____
2. _____
3. _____
4. _____
5. _____

___/5

8 Sie sind am Hafen. Partner/in A fragt nach den Orten 1 und 2. Partner/in B fragt nach den Orten 3 und 4. Antworten Sie.

0. ○ Entschuldigung. Wo ist bitte der Markt?
   ● Gehen Sie geradeaus und dann rechts. Da ist der Markt.
   ○ Vielen Dank.

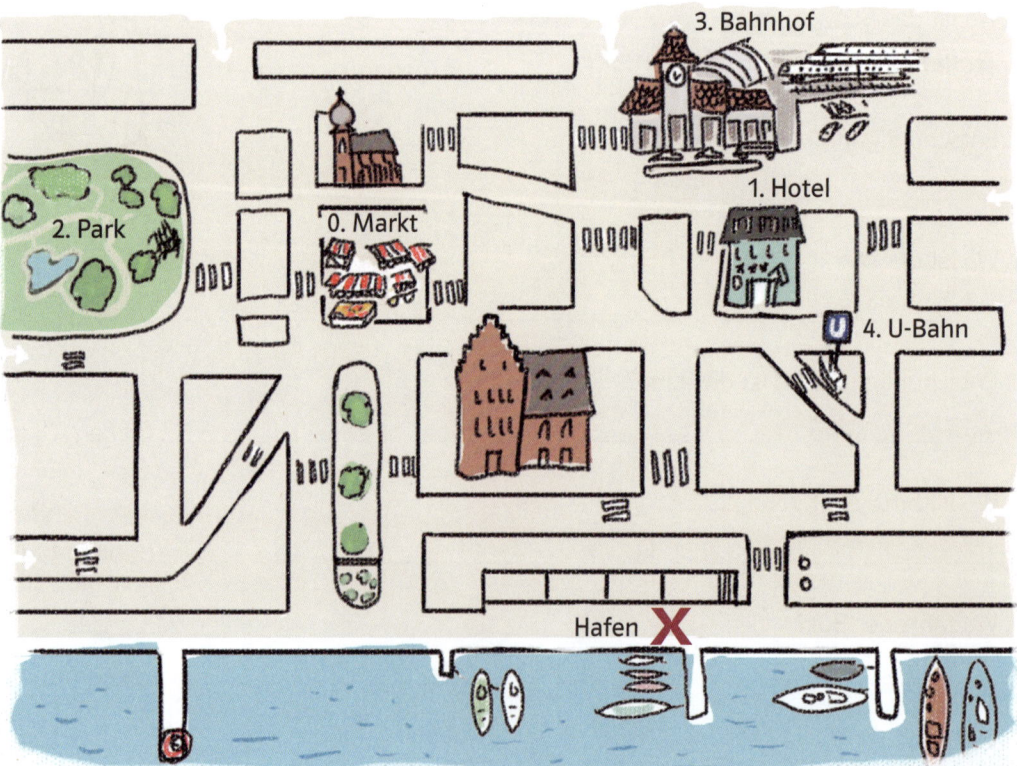

___/5

___/40

Guten Appetit!

1 Was ist richtig? Kreuzen Sie an: a, b oder c. Sie hören jeden Text zweimal.

0. Was brauchen Lisa und Marco?

[x] Schinken. 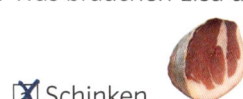   [b] Tomaten.    [c] Käse.

1. Was kosten die drei Limonaden?

[a] 2,30 €.    [b] 6,60 €.    [c] 6,90 €.

2. Was isst die Frau?

[a] Suppe.    [b] Fisch.    [c] Salat.

3. Was braucht der Mann?

[a] Eine Tüte.    [b] Den Kassenzettel.    [c] Orangen.

4. Wo kauft Lilli das Brot?

[a] Im Supermarkt.    [b] Auf dem Markt.    [c] In der Bäckerei.

5. Wie viel Schinken kauft Herr Anvers?

[a] 100 Gramm.    [b] 150 Gramm.   [c] 200 Gramm.    ___ / 5

2 Was passt nicht? Streichen Sie durch.

0. der Kaffee – der Tee – ~~der Reis~~ – das Wasser

1. die Gurke – die Tomate – die Zwiebel – die Schokolade

2. die Flasche – das Gramm – die Packung – die Dose

3. der Apfel – der Salat – die Birne – die Banane

4. das Brot – die Butter – das Brötchen – der Kuchen

5. die Cola – der/das Joghurt – der Käse – die Milch   ___ / 5

3 Nominativ oder Akkusativ? Ergänzen Sie die Artikel.

den | keinen | einen | ~~der~~ | eine | die

○ Du, Philipp, hier ist (0) _der_ Käse. Ach ja, und die Tomaten.

● Oh, super! Danke. (1) _____ Tomaten brauche ich für die Nudeln.

○ Mh, lecker. Und was machst du noch?

● Ich mache noch (2) _____ Suppe. Und (3) _____ Kuchen essen wir später zum Kaffee.

○ Hast du auch (4) _____ Tee? Ich trinke so spät (5) _____ Kaffee.   ___ / 5

4 Guten Appetit!

4 Lesen Sie die Einladung und die Aufgaben. Sind die Sätze richtig oder falsch? Kreuzen Sie an.

Liebe Tina,

am Samstag mache ich eine Sommerparty. Kommst du? Die Adresse ist Bogenstraße 42. Da fährt der Bus 31. Wir grillen Würstchen und ich mache auch Salate. Machst du einen Kartoffelsalat? Der schmeckt immer so gut! Kathrin und Diego kaufen am Freitag schon die Getränke und machen einen Kuchen. Am Samstag sind sie natürlich auch da. Mein Kollege Moritz kommt auch. Er ist sehr nett und er singt gut. Vielleicht singen wir zusammen.

Liebe Grüße
Ela

	Richtig	Falsch
0. Die Party ist in der Bogenstraße 31.		X
1. Ela mag den Kartoffelsalat von Tina.		
2. Kathrin und Diego gehen am Freitag einkaufen.		
3. Ela macht einen Kuchen.		
4. Kathrin und Diego kommen am Samstag nicht.		
5. Moritz macht Musik.		

___/5

5 Lesen Sie den Text und beantworten Sie die Fragen mit ganzen Sätzen.

Von Beruf Koch

Nino Vlies ist 26 Jahre alt und er ist Koch von Beruf. Er arbeitet seit drei Jahren im Restaurant „Villa". Er arbeitet am Dienstag, Mittwoch, Freitag und auch am Wochenende. Da kommen viele Gäste ins „Villa" und das ist sehr stressig. Aber am Montag und Donnerstag hat er frei.
Nino arbeitet sehr gern im Restaurant. Er ist kreativ und probiert oft neue Gerichte aus. Heute planen Nino und seine Chefin den Einkauf. Dann geht er auf den Markt und kauft Gemüse. In der Metzgerei kauft er Fleisch und Wurst. Im Restaurant wäscht und schneidet er das Gemüse. Dann kocht er das Fleisch. Eine Kollegin macht Kuchen und Desserts. Nino mag die Arbeit sehr. Er findet die Kolleginnen und Kollegen super und die Chefin auch. Und die Gäste sind sehr nett. Das macht viel Spaß.

0. Wie alt ist Nino Vlies?   *Er ist 26 Jahre alt.*
1. Wo arbeitet er? _____
2. Wann arbeitet er? _____
3. Was kauft er? _____
4. Wer macht die Desserts? _____
5. Wie findet er den Beruf? _____

___/5

Guten Appetit! **4**

6 Ergänzen Sie die Sätze. Achten Sie auf die Position und die richtige Form.

0. Zum Frühstück *isst Johanna* Brot mit Marmelade. (Johanna / essen)
1. _____ auch ein Stück Käse. (er / möchten)
2. Morgens _____ gern Apfelsaft. (meine Kinder / trinken)
3. _____ einen Salat, bitte. (ich / nehmen)
4. _____ noch Wasser? (ihr / möchten)
5. Am Nachmittag _____ gern ein Stück Kuchen. (mein Mann / mögen) ___/5

7 Und Sie? Schreiben Sie zu jeder Frage ein bis zwei Sätze.

0. Was trinken Sie gern?
   Ich trinke sehr gern Milch und Kaffee.
1. Was trinken Sie nicht gern?
2. Was essen Sie gern?
3. Was essen Sie nicht gern?
4. Was essen Sie heute Abend?
5. Was kochen Sie gern?

___/5

8 Nehmen Sie eine Karte zum Thema *Essen* und eine Karte zum Thema *Einkaufen*. Fragen Sie Ihren Partner / Ihre Partnerin. Ihr Partner / Ihre Partnerin antwortet und stellt dann die nächste Frage.

Beispiel: Partner A: *Kochst du gern?*   Partner B: *Nein, nicht so gern.*

Thema: Essen	Thema: Essen	Thema: Einkaufen	Thema: Einkaufen
Brot	**Fleisch**	**Obst**	**Supermarkt**
Frühstück	**Sonntag**	**kosten**	**Markt**
kochen	**Schokolade**	**Tüte**	**heute**

___/5

___/40

Alltag und Familie

1 Hören Sie die Dialoge und kreuzen Sie die richtige Uhrzeit an.

0. [a] 07:40 Uhr. [X] 08:20 Uhr. [c] 08:40 Uhr.
1. [a] 16:45 Uhr. [b] 17:15 Uhr. [c] 16:15 Uhr.
2. [a] 18:00 Uhr. [b] 18:30 Uhr. [c] 17:30 Uhr.
3. [a] 08:25 Uhr. [b] 09:25 Uhr. [c] 09:35 Uhr.
4. [a] 12:35 Uhr. [b] 11:35 Uhr. [c] 11:25 Uhr.
5. [a] 15:40 Uhr. [b] 14:15 Uhr. [c] 14:50 Uhr.

____ / 5

2 Sehen Sie sich die Bilder gut an. Sie haben 30 Sekunden Zeit. Situation: Sie hören jetzt fünf verschiedene Texte zu den Fotos. Sie hören jeden Text ein Mal. Welcher Text passt zu welchem Foto? Schreiben Sie die Nummer des Textes unter das Foto. Achtung: Ein Bild ist zu viel.

A

Text Nr. ☐

D

Text Nr. ☐

B

Text Nr. ☐

E

Text Nr. ☐

C

Text Nr. ☐

F
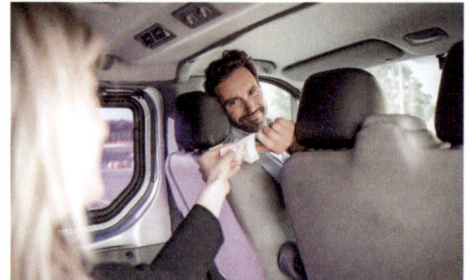
Text Nr. ☐

____ / 5

Alltag und Familie **5**

3 Lesen Sie. Welche Reaktion passt? Kreuzen Sie an.

0. Es tut mir leid, ich bin zu spät.
   a Nein, da kann ich leider nicht.
   ☒ Kein Problem.

1. Ich hätte gern einen Termin am Dienstag. Geht das?
   a Nein, macht nichts.
   b Ja, da geht es um 10:30 Uhr.

2. Können Sie am Freitag um 15:00 Uhr kommen?
   a Nein, da kann ich leider nicht.
   b Bitte entschuldigen Sie.

3. Wie spät ist es?
   a Um kurz vor vier.
   b Es ist Viertel vor vier.

4. Was machst du morgen?
   a Ich muss arbeiten.
   b Halb sieben ist super.

5. Hast du am Wochenende Zeit?
   a Nein, leider nicht.
   b Gute Idee!

___/5

4 Lesen Sie die Nachrichten und ergänzen Sie die Possessivartikel.

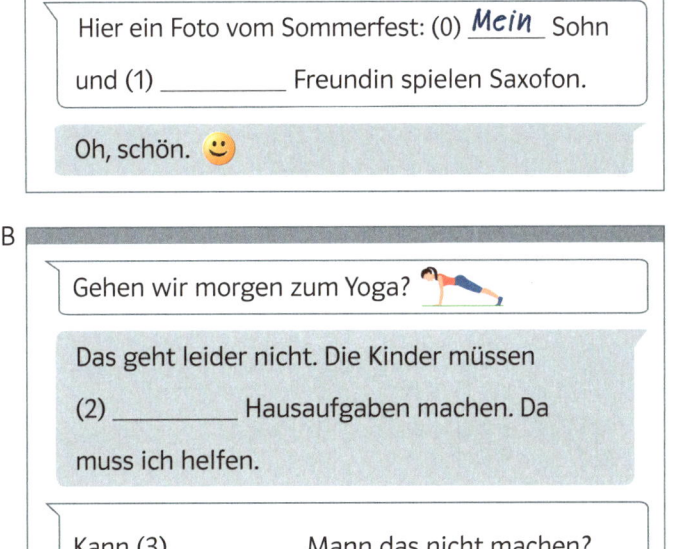
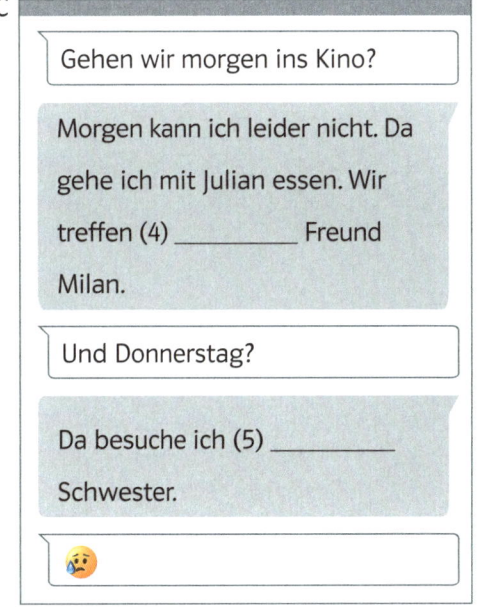

A
Hier ein Foto vom Sommerfest: (0) _Mein_ Sohn und (1) _____ Freundin spielen Saxofon.
Oh, schön. 🙂

B
Gehen wir morgen zum Yoga?
Das geht leider nicht. Die Kinder müssen (2) _____ Hausaufgaben machen. Da muss ich helfen.
Kann (3) _____ Mann das nicht machen?

C
Gehen wir morgen ins Kino?
Morgen kann ich leider nicht. Da gehe ich mit Julian essen. Wir treffen (4) _____ Freund Milan.
Und Donnerstag?
Da besuche ich (5) _____ Schwester.
😢

___/5

5 Schreiben Sie die Sätze mit Modalverb. Beginnen Sie mit dem markierten Wort.

0. Marie / gut / Tennis spielen / können / . _Marie kann gut Tennis spielen._

1. Noah / heute / bis 20 Uhr / arbeiten / müssen / .
   _____

2. meine Kinder / am Nachmittag / Hausaufgaben / machen / müssen / .
   _____

3. ich / am Freitag / ins Kino / gehen / wollen / .
   _____

4. wir / morgen / nicht / tanzen / können / .
   _____

5. du / deine Familie / am Wochenende / besuchen / wollen / ?
   _____

___/5

5 Alltag und Familie

6 Lesen Sie die beiden Texte und die Aufgaben 1 bis 5. Kreuzen Sie an: Richtig oder Falsch.

0. Diego plant eine Party für seine Kollegin. Richtig ~~Falsch~~

> Betreff: Unsere Kollegin Marta
>
> Hallo Karin,
> du weißt ja, Marta hat morgen Geburtstag. Sie wird 27 und sie will keine Party machen. Aber wir können sie am Nachmittag um 16 Uhr besuchen. Kommst du um 15:30 Uhr zum Bahnhof? Dann können wir noch ein Buch kaufen. Ich habe schon einen Kuchen.
> Liebe Grüße
> Diego

1. Diego möchte Karin um halb vier treffen. Richtig Falsch
2. Diego muss noch einen Kuchen kaufen. Richtig Falsch

> Betreff: Treffen am Sonntag?
>
> Hallo Basti,
> hast du am Sonntag Zeit? Frühstücken wir zusammen? Ich habe Müsli und Kaffee. Kannst du Brot und Käse kaufen? Um 10:00 Uhr? Dann brauchen wir kein Mittagessen. Und dann können wir an den See fahren und schwimmen. Das Schwimmbad ist nicht so schön. Hast du Lust?
> Viele Grüße
> Paul

3. Paul möchte am Sonntag mit Basti frühstücken. Richtig Falsch
4. Basti und Paul gehen zusammen einkaufen. Richtig Falsch
5. Paul möchte ins Schwimmbad gehen. Richtig Falsch   ___/5

7 Eine E-Mail schreiben. Ergänzen Sie.

telefonieren | Grüße | ~~Liebe~~ | Wie lange | morgen | Zeit

> (0) _Liebe_ Hannah,
> was machst du heute Abend? Hast du (1) _____? Wir können ins Kino gehen und dann tanzen. Ich habe (2) _____ frei und kann lange schlafen. :)
> (3) _____ musst du heute arbeiten? Wir (4) _____ später, okay?
> Liebe (5) _____
> Jorge

___/5

8 Wählen Sie ein Bild. Sie sind in der Situation des gewählten Bildes. Spielen Sie diese Situation mit Ihrer Gesprächspartnerin / Ihrem Gesprächspartner.

Guten Tag, mein Name ist …

___/5

___/40

Zeit mit Freunden

1 Lesen Sie die Aufgabe A gut durch. Sie haben 30 Sekunden Zeit. Situation: Sie hören folgende Nachricht. Hören Sie gut zu und schreiben Sie die wichtigsten Informationen auf das Notizblatt. Sie hören den Text zwei Mal. Bearbeiten Sie dann Aufgabe B.

A

Was: (0) __Konzert__

Wann: am (1) _____,

(2) _____ Oktober,

um (3) _____ Uhr

Wo: im (4) _____

Eintritt: (5) _____ € pro Person

B

Was: (0) __Geburtstagsparty__

Adresse: (6) _____gasse 14

Wie fahren: U-Bahn (7) _____

Wann treffen: um (8) _____ Uhr

Geschenk: ein (9) _____

Telefonnummer Kati: (10) 0167_____

___/ 5

2 Was passt nicht? Streichen Sie durch.

0. die Kneipe – das Lokal – ~~die Bank~~ – der Biergarten

1. das Messer – die Gabel – der Löffel – das Glas

2. bestellen – klettern – schwimmen – wandern

3. die Speisekarte – die Bestellung – die Mail – die Rechnung

4. gut – teuer – lecker – schön

5. die Limonade – das Trinkgeld – das Wasser – die Apfelsaftschorle

___/ 5

3 Wer bekommt was? Ergänzen Sie die Personalpronomen im Akkusativ.

○ Für wen ist die Cola?

● Die Cola ist für (0) __mich__, danke.

○ Ist das Hähnchen auch für (1) _____?

● Nein. Theo, ist das Hähnchen für (2) _____?

△ Ja!

○ Und für wen sind die zwei Apfelsaftschorlen?

● Marie, Theo, die sind für (3) _____, oder?

■▲ Ja, die sind für (4) _____. Danke!

☐ Und was ist für (5) _____? Ich habe noch nichts.

___/ 5

6 Zeit mit Freunden

4 Ergänzen Sie die trennbaren Verben.

~~einladen~~ | anrufen | mitkommen | mitbringen | anfangen | abholen

0. Ich mache am Samstag ein Fest und _lade_ dich _ein_.
1. Die Party _____ um 16 Uhr _____.
2. Anna _____ dich um 15:30 Uhr am Bahnhof _____, okay?
3. Vielleicht _____ Jan und Marek auch zum Bahnhof _____.
4. Susan _____ Getränke _____. Machst du einen Kuchen?
5. Wollen wir morgen telefonieren? _____ du mich _____?

___ / 5

5 Präteritum: haben und sein. Ergänzen Sie den Dialog.

○ Wie (0) _war_ dein Wochenende?
● Super! Sofia (1) _____ da! Wir (2) _____ im Park, im Kino und im Museum.
  Wir (3) _____ viel Spaß. Und du? Wo (4) _____ du?
○ Ich (5) _____ leider keine Zeit. Die Arbeit ...
● Oh, das tut mir leid.

___ / 5

6 Lesen Sie die Texte und die Aufgaben 1 bis 5. Kreuzen Sie an: Richtig oder Falsch.

0. Beim *Friseur*

> Sie haben keinen Termin?
> Kein Problem.
> Bei uns kommen Sie immer dran.

Sie brauchen einen Termin.
Richtig F~~alsch~~

1. Vor der *Arztpraxis*

> Die Praxis Dr. Rajabi
> hat eine neue Adresse.
> Sie finden uns in der Praterstr. 39.

Sie sind krank. Sie gehen in die Praterstraße 39.
Richtig Falsch

2. In der *Bibliothek*

> Stadtbibliothek geöffnet
> Montag–Freitag: 9:00–18:30 Uhr
> Samstag: 9:00–13:00 Uhr
> Sonntag: geschlossen

Es ist Samstagabend. Sie können Bücher lesen.
Richtig Falsch

3. Im *Kino*

> Unsere Preise
> Kinder (bis 11): 6,00 €
> Jugendliche (bis 15): 7,50 €
> Erwachsene: 9,00 €

Ihre Tochter ist 12 Jahre alt. Sie bezahlt 7,50 €.
Richtig Falsch

4. In der *Sprachschule*

> Haben Sie Fragen?
> Unser Büro ist von Montag bis Donnerstag von
> 10 bis 13 Uhr offen.
> Sie können uns auch eine E-Mail schreiben: **deutschlernen-in-hamburg@mail.hh**

Es ist Mittwochvormittag. Sie können ins Büro gehen.
Richtig Falsch

5. Im *Sportclub*

> Heute kein Yoga.
> Lara ist krank.
> Morgen können Sie ihre Kurse wieder besuchen.

Sie sind im Sportclub. Sie können Yoga machen.
Richtig Falsch

___ / 5

22 zweiundzwanzig

Zeit mit Freunden 6

7 Schreiben Sie eine Einladung.

Sie haben Geburtstag und möchten feiern. Sie laden Ihren Freund Lennart ein. Schreiben Sie an Ihren Freund:

- Warum schreiben Sie?
- Party: Wann und wo?
- Mitbringen: Was?

Schreiben Sie zu jedem Punkt ein bis zwei Sätze (ca. 30 Wörter). Schreiben Sie auch eine Anrede und einen Gruß.

_____,

___ / 5

8 Sprechen Sie. Machen Sie vier Verabredungen. Sie nehmen zwei Karten, Ihr Partner / Ihre Partnerin auch zwei. Zweimal fangen Sie an, zweimal Ihr Partner / Ihre Partnerin.

Kommst du am Sonntag mit ins Café?

Ja, gerne! Um wie viel Uhr?

___ / 5

___ / 40

7 Arbeitsalltag

Arbeitsalltag

1 Was ist richtig? Kreuzen Sie an: a, b oder c. Sie hören jeden Text zweimal.

0. Welche Zimmernummer hat Frau Ehlig?
   - [a] 12.
   - [b] 21.
   - [☒] 22.

1. Wohin geht Felix später?
   - [a] Ins Büro.
   - [b] Zur Post.
   - [c] Zur Bank.

2. Wann ist der Termin beim Chef?
   - [a] Um 17 Uhr.
   - [b] Um 13 Uhr.
   - [c] Um 16 Uhr.

3. Was trinkt Susa in der Pause?
   - [a] Einen Kaffee.
   - [b] Einen Tee.
   - [c] Einen Saft.

4. Mit wem geht Philipp ins Kino?
   - [a] Mit einer Kollegin.
   - [b] Mit einer Freundin.
   - [c] Mit seiner Schwester.

5. Was mag Valentin?
   - [a] Die Kollegen.
   - [b] Die Kundengespräche.
   - [c] Die Arbeitszeiten.

___ / 5

2 Im Büro. Welches Wort passt? Unterstreichen Sie.

0. den Computer hochfahren und das Passwort schicken/<u>eingeben</u>
1. das Mail-Programm öffnen und Mails lesen/anmachen
2. eine Mail schreiben und an Lucie schicken/speichern
3. die Datei zuerst öffnen/eingeben und dann den Text schreiben
4. den Drucker anmachen und den Text drucken/ausmachen
5. den Computer am Ende ausmachen/hochfahren

___ / 5

3 Ergänzen Sie die Präpositionen und den bestimmten Artikel.

von | ~~bei~~ | mit | in | aus | zu

```
To-do
8:30 Uhr        Termin (0) beim        Chef
9:00 Uhr        (1) _____ Kundin in Berlin telefonieren
Mittagspause    (2) _____ Bäckerei gehen, Brötchen kaufen
13:30 Uhr       Besprechung (3) _____ Büro mit Aaron und Lucie
15:00 Uhr       nach Hause, Emma kommt (4) _____ Zahnarzt
Wichtig! Bücher und Computer (5) _____ Büro mitnehmen
(morgen Präsentation!!)
```

___ / 5

7 Arbeitsalltag

4 Ergänzen Sie *und, oder, aber*.

0. Mein Job macht Spaß _und_ ist gut bezahlt.
1. Ich fahre mit dem Fahrrad ins Büro _____ eine Kollegin nimmt mich im Auto mit.
2. Das Team ist sehr nett _____ wir arbeiten sehr gut zusammen.
3. Die Präsentation war sehr interessant, _____ ich war leider so müde.
4. In der Mittagspause gehe ich in ein Café _____ ich esse ein Brötchen im Büro.
5. Eigentlich arbeite ich am Freitag immer, _____ diese Woche habe ich frei.

___/ 5

5 Sie lesen drei Anzeigen. Dazu gibt es je zwei Fragen. Antworten Sie mit JA oder NEIN.

Info Bibliothek

Lesen Sie die Bücher hier in der Bibliothek oder in unserem Café? Dann müssen Sie nicht Mitglied sein.

Wollen Sie die Bücher nach Hause mitnehmen und unseren Online-Service kennenlernen? Füllen Sie bitte das Anmeldeformular aus.
kontakt@biblio.nrw

Machen Sie ein Kreuz (X) bei JA oder bei NEIN.

0. Kann man die Bücher im Café lesen?
   JA [X]   NEIN [ ]

1. Kann man die Anmeldung am Telefon machen?
   JA [ ]   NEIN [ ]

Computer-Klinik

- Ihr Akku ist immer leer.
- Ihr Computer ist sehr langsam.
- Sie wissen Ihr Passwort nicht mehr.

Wir machen Ihren Computer gesund! Montag bis Freitag von 7 bis 19 Uhr. Probleme am Wochenende? Melden Sie sich telefonisch: 0157 45 79 242
www.pc-klinik.eu

Machen Sie ein Kreuz (X) bei JA oder bei NEIN.

2. Kann man einen Computer kaufen?
   JA [ ]   NEIN [ ]

3. Kann man am Sonntag anrufen?
   JA [ ]   NEIN [ ]

Praktikum im Büro

Willst du mit Kolleginnen und Kollegen zusammenarbeiten und viel lernen?

Wir suchen dich: vom 1.8. bis 30.9.

Aufgaben: mit Kunden telefonieren, Pakete annehmen, Mails schreiben …

Machen Sie ein Kreuz (X) bei JA oder bei NEIN.

4. Arbeiten Sie im Praktikum allein?
   JA [ ]   NEIN [ ]

5. Können Sie das Praktikum im Winter machen?
   JA [ ]   NEIN [ ]

___/ 5

fünfundzwanzig **25**

7 Arbeitsalltag

6 Lesen Sie die E-Mail und antworten Sie.

Situation: Max macht in Ihrer Firma ein Praktikum. Sein Praktikum ist bald zu Ende. Eine Kollegin organisiert ein Treffen und schreibt Ihnen folgende E-Mail:

Betreff: Tschüs Max

Hallo!

In einer Woche ist das Praktikum von Max zu Ende. Er ist bis Freitag da. Wir können alle Tschüs sagen und etwas zusammen essen und trinken.
Meine Fragen: An welchem Tag und um wie viel Uhr hast du Zeit? Wie lange kannst du bleiben? Was kannst du zu Essen oder Trinken mitbringen?

Liebe Grüße
Martha

Antworten Sie Martha. Schreiben Sie **circa 30 Wörter**.
- Beantworten Sie alle Fragen.
- Schreiben Sie am Ende einen Gruß.

Betreff: AW: Tschüs Max

Liebe Martha,

vielen Dank für deine E-Mail. Das ist eine schöne Idee!

_____

- An welchem Tag und um wie viel Uhr hast du Zeit?
- Wie lange kannst du bleiben?
- Was kannst du zu Essen oder Trinken mitbringen?

___/5

Arbeitsalltag **7**

7 **Ergänzen Sie die fünf Informationen aus dem Text im Formular.**

Ihre Freundin, Laura Mertens, möchte den Newsletter vom Centro Italiano bestellen. Sie war zwei Jahre in Italien und möchte Menschen aus Italien treffen. Ihre Muttersprache ist Deutsch. Den Newsletter möchte sie auf Italienisch lesen. Sie mag Sport und Musik. Sie hat abends und am Wochenende Zeit. Sie möchte italienische Filme sehen.

Schreiben Sie die fünf fehlenden Informationen in das Formular.

Familienname	Mertens _____ (0)
Vorname	Laura _____
E-Mail-Adresse	laura-bella@hotmail.it _____
Muttersprache	_____ (1)
Sprache Newsletter	_____ (2)
Kann Italienisch	☒ ja ☐ nein
Hobbys	_____ (3)
Interesse	☐ Sprachkurse
	☐ Kinofilme
	☐ Bibliothek (4)
Zeit	_____ (5)

___/5

8 **Small Talk im Büro. Wählen Sie ein Thema und sprechen Sie.**

Wetter	Sport
Familie	**Wochenende**

___/5

Heute ist es wieder heiß.

Ja. Ich esse später noch ein Eis.

___/40

8 Fit und gesund

Fit und gesund

1 Was ist richtig? Kreuzen Sie an: a, b oder c? Sie hören jeden Text zweimal.

0. Was soll Frau Aller machen?
   - a Zum Termin kommen.
   - b Ihre Telefonnummer nennen.
   - X Die Praxis anrufen.

1. Wann soll Frau Leiner zum Arzt kommen?
   - a Um 12:00 Uhr.
   - b Um 14:00 Uhr.
   - c Um 16:00 Uhr.

2. Wo möchte Vito Anna treffen?
   - a Beim Arzt.
   - b Im Kino.
   - c Zu Hause.

3. Was soll Jannis machen?
   - a Zum Arzt gehen.
   - b Milch mit Honig trinken.
   - c Seine Mutter anrufen.

4. Wo ist Laurin?
   - a Bei Frau Köhler.
   - b Beim Arzt.
   - c In der Arbeit.

5. Was soll Herr Nowak in der Praxis abholen?
   - a Ein Rezept.
   - b Eine Salbe.
   - c Einen Hustensaft.

___ / 5

2 Was passt nicht? Streichen Sie durch.

0. die Spritze – die Tablette – ~~der Husten~~ – die Salbe
1. erkältet – glücklich – krank – verletzt
2. der Fuß – das Bein – der Kopf – die Ohrenschmerzen
3. hören – riechen – trinken – schmecken
4. der Hausmeister – der Physiotherapeut – der Notarzt – der Krankenpfleger
5. das Fieber – die Halsschmerzen – der Schnupfen – der Verband

___ / 5

3 Schreiben Sie die Körperteile mit Artikel.

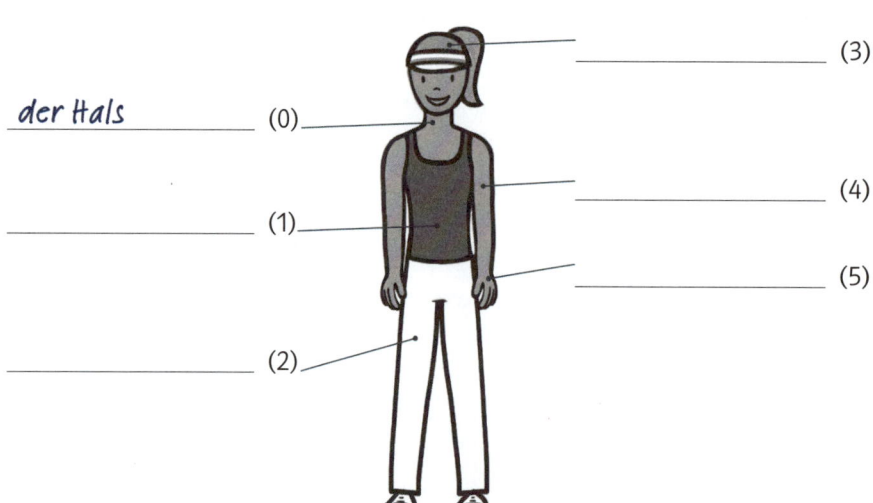

der Hals (0)

_____ (1)

_____ (2)

_____ (3)

_____ (4)

_____ (5)

___ / 5

Fit und gesund **8**

4 Ergänzen Sie *müssen*, *dürfen* oder *sollen* in der richtigen Form.

○ Guten Tag, Frau Werder. Wie geht es Ihnen?

● Ach, nicht so gut. Ich bin schon seit zwei Tagen erkältet und mein Kopf tut weh.

○ Haben Sie denn Fieber?

● Heute Morgen waren es 38 Grad.

○ Hm. Sie (0) _dürfen_ ein paar Tage nicht rausgehen. Sie (1) _____ im Bett bleiben und viel schlafen. Ich gebe Ihnen ein Rezept für Tropfen. Die Tropfen (2) _____ Sie dreimal täglich nehmen.

● (3) _____ ich denn meine Haare waschen? Mein Mann sagt, ich (4) _____ nicht baden.

○ Nein, bitte nicht baden. Aber Sie (5) _____ kurz duschen.   ___/5

5 Schreiben Sie Sätze im Imperativ mit *du*, *ihr* oder *Sie*.

0. die Medikamente nehmen und viel Tee trinken
   Nehmen Sie die Medikamente und trinken Sie viel Tee.

Herr Saumer

Frau Dalmer

1. im Bett bleiben und Hühnersuppe essen
   _____

2. ins Krankenhaus gehen und den Arm nicht bewegen
   _____

Caro und Anna

Patrick

3. eine Pause machen und nicht so viel arbeiten
   _____

4. vom Sofa aufstehen und die Kinder abholen
   _____

Basti

Giulio, Sebastian und Nele

5. aktiv sein und fünf Minuten Sport machen
   _____   ___/5

8 Fit und gesund

6 Sie lesen fünf kurze Texte (Text A–E). Zu jedem Text gibt es je ein Bild (Bild 1–6). Welches Bild passt zu welchem Text? Achtung: Ein Bild ist zu viel. Schreiben Sie die Nummer des passenden Bildes unter den Text.

A Laden Sie sich die neue Fitness-App kostenlos herunter. Mit uns machen Sie jeden Tag 10 Minuten Sport und sind in 3 Monaten fit.

Bild Nr. ☐

C An alle Studentinnen und Studenten!
Das Rauchen ist an der Universität verboten. Auch im Café gibt es ein Rauchverbot.

Bild Nr. ☐

E Liebe Besucherinnen und Besucher, Ruhe bitte!
Sprechen Sie im Wartebereich und im Flur bitte leise.
Die Patientinnen und Patienten sagen danke!

Bild Nr. ☐

B Herzlich willkommen im **Studiokino**.
Bei uns ist das Telefonieren verboten. Machen Sie bitte Ihr Handy aus. Viel Spaß beim Film!

Bild Nr. ☐

D Für alle Mitarbeiterinnen und Mitarbeiter!
Sie dürfen Ihr Essen gern selbst mitbringen. Ab heute gibt es eine Küche im Raum 211. Dort können Sie kochen und essen.

Bild Nr. ☐

 1  2  3  4  5 6

___ / 5

7 Schreiben Sie eine Entschuldigung.

Sie sind krank und können nicht zur Arbeit kommen. Schreiben Sie an Ihre Kollegin Frau Winter:

- Warum schreiben Sie?
- Wieder im Büro: Wann?
- Informieren: Wen?

Schreiben Sie zu jedem Punkt ein bis zwei Sätze (ca. 30 Wörter). Schreiben Sie auch eine Anrede und einen Gruß.

___ / 5

8 Sprechen Sie zu zweit. Nehmen Sie zwei Karten. Formulieren Sie Bitten und reagieren Sie.

Bitte rauchen Sie hier nicht.   *Oh, natürlich. Entschuldigung.*

___ / 5

___ / 40

9 Meine Wohnung

Meine Wohnung

1 **Hören Sie die Gespräche. Sind die Sätze** [Richtig] **oder** [Falsch]**? Kreuzen Sie an.**

		Richtig	Falsch
0.	Die Wohnung von Nina hat zwei Zimmer.	Richtig	Fal**X**sch
1.	Yunus sucht eine Wohnung mit Garten.	Richtig	Falsch
2.	Die Wohnung kostet 1.200 € Miete.	Richtig	Falsch
3.	Die Wohnung von Suse ist nicht groß.	Richtig	Falsch
4.	Die Wohnung hat vier Zimmer.	Richtig	Falsch
5.	Die Lage von der Wohnung ist super.	Richtig	Falsch

___/5

2 **Sehen Sie sich die Bilder gut an. Sie haben 30 Sekunden Zeit. Situation: Sie hören jetzt fünf verschiedene Texte zu den Fotos. Sie hören jeden Text ein Mal. Welcher Text passt zu welchem Foto? Schreiben Sie die Nummer des Textes unter das Foto. Achtung: Ein Bild ist zu viel.**

A
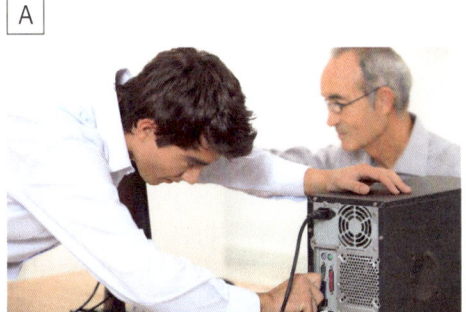
Text Nr. ☐

D

Text Nr. ☐

B

Text Nr. ☐

E

Text Nr. ☐

C

Text Nr. ☐

F

Text Nr. ☐

___/5

einunddreißig **31**

9 Meine Wohnung

3 Ergänzen Sie die Präpositionen.

hinter | an | ~~im~~ | in | zwischen | neben

○ Na, wie ist deine neue Wohnung, Mama?

● Oh, sie ist ganz toll! Also, der Tisch steht jetzt (0) _im_ Wohnzimmer. Der großen Schrank steht (1) _____ dem Tisch und der Tür. Und die Waschmaschine steht nicht mehr (2) _____ der Küche. Sie ist jetzt im Bad. (3) _____ dem Bad ist das Schlafzimmer. (4) _____ der Wand ist das Foto von Papa. Ich finde es so schön! Und (5) _____ dem Foto habe ich mein Geld.

○ Aber Mama!!! Du kannst doch nicht …

___/5

4 Welche Reaktion passt? Kreuzen Sie an.

0. Wie findest du mein Sofa?
   - [a] Danke, nicht so gern.
   - [X] Sehr schön. Es sieht gemütlich aus.

1. Wie findest du den Schreibtisch?
   - [a] Sehr praktisch. Er ist super für die Arbeit.
   - [b] Das ist ja schön.

2. Magst du die Lampe?
   - [a] Es tut mir leid!
   - [b] Ja, die Farbe ist toll!

3. Die Wohnung ist zu dunkel, oder?
   - [a] Ja, ich finde sie auch zu dunkel.
   - [b] Nein, sie ist zu dunkel.

4. Der Sessel ist nicht alt, oder?
   - [a] Doch, er ist von Oma.
   - [b] Ja, er ist zu alt.

5. Ich finde die Wohnung klein, aber schön. Und du?
   - [a] Ja, sie ist groß. Hoffentlich ist sie nicht teuer.
   - [b] Ja, sie ist nicht groß, aber das macht nichts.

___/5

5 Lesen Sie die E-Mails und die Aufgaben. Sind die Sätze richtig oder falsch? Kreuzen Sie an.

0. Maya macht eine Einweihungsparty.   [X] Richtig   [ ] Falsch

> Hallo Kira,
> endlich ist unsere Wohnung fertig! Wir laden dich und Lenny herzlich zur Party am Samstag, 26. Juli, in der Mommsenstraße 13 ein. Wir fangen um 20 Uhr an. Hoffentlich habt ihr Zeit. Alex und Verena kommen auch. Und unsere neuen Nachbarn natürlich. Das Essen machen Paul und ich. Wir grillen Würstchen und es gibt Salate und Kartoffeln dazu. Könnt ihr vielleicht eine Nachspeise mitbringen?
> Bis Samstag, Maya

1. Die Party beginnt abends.   [ ] Richtig   [ ] Falsch
2. Die Nachbarn haben keine Zeit.   [ ] Richtig   [ ] Falsch
3. Die Würstchen bringen die Gäste mit.   [ ] Richtig   [ ] Falsch

> Hi Maya,
> vielen Dank für die Einladung. Ich freue mich schon auf Samstag und komme gern. Und eine Nachspeise kann ich natürlich auch mitbringen. Aber Lenny hat leider keine Zeit. Er muss bis 23 Uhr arbeiten und ist dann zu müde.
> Viele Grüße und bis Samstag, Kira

4. Kira hat am Samstag Zeit für die Party.   [ ] Richtig   [ ] Falsch
5. Lenny kommt später zur Party.   [ ] Richtig   [ ] Falsch

___/5

9 Meine Wohnung

6 Und Sie? Schreiben Sie über Ihre Wohnung. Schreiben Sie zu jedem Punkt einen Satz.

1. Größe? _____
2. Zimmer? _____
3. Balkon oder Garten? _____
4. Möbel? _____
5. Nachbarn? _____

___/5

7 Lesen Sie die E-Mail und antworten Sie.

ÖSD

Situation: Emil hat eine neue Wohnung. Er macht eine Party. Emil schreibt Ihnen folgende E-Mail:

> Betreff: Party am Freitag
>
> Hallo!
> Ich bin umgezogen und mache am Samstag um 19:00 Uhr eine Party. Ich lade dich ein. Du kannst gern eine Freundin oder einen Freund mitbringen. Meine neue Wohnung ist groß. 😊
> Wen bringst du mit? Was kannst du zu Essen mitbringen? Wann kommst du?
> Liebe Grüße
> Emil

Antworten Sie Emil. Schreiben Sie **circa 30 Wörter.**
- Beantworten Sie alle Fragen.
- Schreiben Sie am Ende einen Gruß.

> Lieber Emil,
> vielen Dank für die Einladung. Ich komme gerne zur Party.

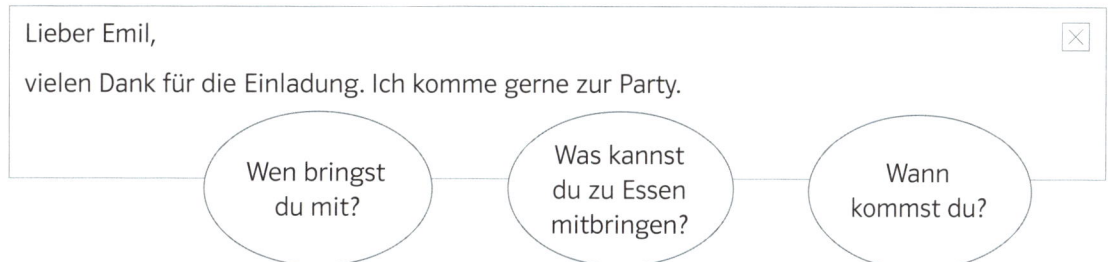

___/5

8 Nehmen Sie eine Karte zum Thema *Wohnen* und eine Karte zum Thema *Feste*. Fragen Sie Ihren Partner / Ihre Partnerin. Ihr Partner / Ihre Partnerin antwortet und stellt dann die nächste Frage.

Beispiel: Partner A: *Ist deine Wohnung groß?* Partner B: *Nein, sie ist sehr klein.*

Thema: Wohnen	Thema: Wohnen	Thema: Feste	Thema: Feste
Wohnung	**Zimmer**	**Geburtstag**	**Gäste**
Balkon	**Haus**	**Uhrzeit**	**Geschenk**
Nachbarn	**Garten**	**Essen**	**Musik**

___/5

___/40

10 Studium und Beruf

Studium und Beruf

1 Lesen Sie die Aufgabe gut durch. Sie haben zehn Sekunden Zeit. Situation: Sie hören jetzt fünf Personen, die befragt werden. Hören Sie gut zu und kreuzen Sie die richtigen Antworten an. Pro Person gibt es nur eine Antwort. Sie hören die Texte ein Mal.

Beruf: Was ist für Sie wichtig?

	Kontakt mit Menschen	Aufgaben interessant	reisen	Bezahlung
Text 1	☐	☐	☐	☐
Text 2	☐	☐	☐	☐
Text 3	☐	☐	☐	☐
Text 4	☐	☐	☐	☐
Text 5	☐	☐	☐	☐

___/5

2 Welches Wort passt? Unterstreichen Sie.

0. ○ Hast du schon einen Job gefunden?
   ● Nein, ich muss noch <u>Bewerbungen</u>/Termine schreiben.

1. ○ Was ist für dich im Beruf wichtig?
   ● Ich möchte Karriere verdienen/machen.

2. ○ Guten Tag, ich möchte bitte mit Frau Menke sprechen.
   ● Frau Menke ist heute leider nicht da. Ich kann Sie mit ihrer Kollegin anrufen/verbinden.

3. ○ Was machst du heute Nachmittag?
   ● Ich muss für eine Prüfung/Liste an der Uni lernen.

4. ○ Herr Horvat ist morgen wieder da.
   ● Ah, gut. Können Sie mir bitte seine Durchwahl melden/geben?

5. ○ In einer halben Stunde haben wir eine Besprechung.
   ● Oh, noch ein Termin? Heute ist es stressig. Schreibst du das Protokoll/Projekt, bitte?

___/5

3 Ergänzen Sie das Partizip II.

fahren | kommen | ~~treffen~~ | gehen | finden | trinken

○ Du hast doch gestern Eva (0) **getroffen**, oder? Erzähl mal, wie war's?

● Na ja, sie ist eine halbe Stunde zu spät (1) _____. Zuerst ist sie mit dem falschen Bus (2) _____ und dann hat sie das Café nicht (3) _____. Aber es war sehr lustig: Wir haben Kaffee (4) _____ und sind dann noch ins Kino (5) _____.

○ Ah schön!

___/5

Studium und Beruf

10

4 Schreiben Sie Sätze im Perfekt. Beginnen Sie mit dem markierten Wort. Achten Sie auf *haben* und *sein*.

0. heute / bleiben / ich / zu lange / im Büro / .
   Heute bin ich zu lange im Büro geblieben.

1. gestern / lernen / Felix / zwei Stunden / .

2. wohin / fliegen / du / letztes Jahr / ?

3. studieren / Jana / vier Jahre / Architektur / .

4. telefonieren / er / heute / mit einer Kundin / .

5. leider / finden / sie / noch keine Arbeit / .

___/ 5

5 Am Telefon. Was gehört zusammen? Ordnen Sie zu.

0. Guten Tag, mein Name ist _D_
1. Kann ich bitte mit Frau ____
2. Herr Tischer ist ____
3. Entschuldigung, das habe ich ____
4. Können Sie das ____
5. Vielen Dank und ____

A nicht verstanden.
B heute leider nicht da.
C Hamann sprechen?
D Tim Winterlich.
E auf Wiederhören.
F bitte wiederholen?

___/ 5

6 Eine Anmeldung bei der Jobbörse. Ergänzen Sie.

Ihr Freund Adriano Miroballi kommt aus Turin und möchte in Leipzig zwischen dem 1. August und 30. September als Eisverkäufer arbeiten. Er kann am Samstag und Sonntag arbeiten. Er ist 23 Jahre alt. Seine E-Mail-Adresse ist adri@liberi.it. Seine Handynummer ist +39 377 45 45 678.
Helfen Sie Ihrem Freund und schreiben Sie die fünf fehlenden Informationen in das Formular.

Name	Adriano Miroballi	(0)
gewünschte Tätigkeit	_____	(1)
Termin	_____	(2)
Arbeit am Wochenende	☐ ja ☐ nein	(3)
Stadt	_____	(4)
Telefon	_____	(5)

___/ 5

10 Studium und Beruf

7 Sie suchen verschiedene Dinge in der Zeitung. Finden Sie zu jeder Situation (A–E) die passende Anzeige (1–6). Achtung: Eine Anzeige ist zu viel. Schreiben Sie die Nummer der passenden Anzeige neben die Sätze.

Situationen — dazu passt

A Sie möchten acht Stunden in der Woche arbeiten. Sie kommen aus England. _____

B Sie möchten am Wochenende Geld verdienen. Sie waren schon mal Kellner/in. _____

C Sie studieren Mathematik. Sie brauchen Geld für den Urlaub. _____

D Sie sind gern mit Kindern zusammen. Sie haben am Nachmittag Zeit. _____

E Sie suchen einen Job. Sport ist Ihr Hobby. _____   ___/5

1
Wir ziehen um und brauchen Hilfe!
Wann: 1. + 2. September, jeweils von 8–18 Uhr
Bezahlung: 11 € pro Stunde
Interesse? Dann **01574 22 77 830** anrufen!

4
Hilfe bei Mathe
Wer kann unserem Sohn Manuel (9. Klasse) Mathe erklären?
Zweimal pro Woche bei uns zu Hause, 20 € pro Stunde.
Familie Lopez,
Tel.: 01471 986 34 43

2
Wanted!
Student oder Studentin mit Englisch als Muttersprache!
Wir sind eine kleine Firma und brauchen zweimal pro Woche Hilfe. Sie telefonieren mit unseren Kunden in England.
Gute Bezahlung, nettes Team!
Bewerbungen bitte an:
service@export-hansen.mail

5
Café am Markt
Wir suchen ab sofort eine Aushilfe für den Service am Samstag und Sonntag.
Gerne Student/in.
Bezahlung: 9,50 € pro Stunde + Trinkgeld.
Interesse? Dann komm einfach zu uns und frag nach Frau Williams!

3
Fitness-Trainer gesucht!
Bist du sportlich und arbeitest gerne mit Menschen?
Dann haben wir ein super Angebot für dich:
Arbeite bei uns als Trainer/in.
Schicke eine E-Mail an:
info@fitnesstrainer.com

6
LUISA (4 JAHRE ALT) ALLEIN ZU HAUSE?!?
DAS GEHT GAR NICHT! DESHALB SUCHEN WIR DICH!
MAGST DU KINDER UND KANNST MONTAG BIS FREITAG VON 14-17 UHR KOMMEN? DANN RUF UNS AN!
FAMILIE KLÖTZKE, 0176 678 43 21

8 Über etwas sprechen (sich vorstellen). Situation: Ihre Gesprächspartnerin / Ihr Gesprächspartner möchte Sie gerne kennenlernen. Wählen Sie vier Themen aus und sprechen Sie zu jedem Thema ein paar Sätze. Ihre Gesprächspartnerin / Ihr Gesprächspartner kann Ihnen zu diesen Themen auch Fragen stellen.

Sprachen?   Hobbys?
Beruf?   Lieblingsessen?
Familie?   Sport?

___/5

___/40

Die Jacke gefällt mir!

1 Was ist richtig? Kreuzen Sie an: a, b oder c. Sie hören jeden Text zweimal.

0. Wie viel kostet der Gürtel?

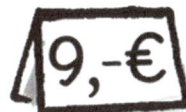

☒ 9 €.   b 19 €.   c 29 €.

1. Wo gibt es Hosen für Kinder?

a Im ersten Stock.   b Im zweiten Stock.   c Im dritten Stock.

2. Was kauft Finn?

 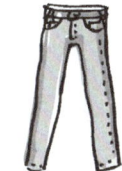 

a Ein T-Shirt.   b Eine Hose.   c Einen Pulli.

3. Was bekommt die Mutter zum Geburtstag?

a Ein Tuch.   b Eine Uhr.   c Eine Tasche.

4. Wann schließt der Buchladen?

a Um 13:00 Uhr.   b Um 18:00 Uhr.   c Um 16:00 Uhr.

5. Was gefällt der Kundin nicht?

a Die Größe.   b Die Farbe.   c Der Preis.

___ / 5

11 Die Jacke gefällt mir!

2 Welches Verb passt? Unterstreichen Sie.

○ Guten Tag, ich (0) <u>suche</u> / finde ein Hemd. Können Sie mir (1) helfen / zeigen?

● Ja, natürlich. Welche Farbe (2) trägt / steht Ihnen denn?

○ Blau (3) finde / kaufe ich gut.

● Hier, dieses Hemd kann ich Ihnen (4) probieren / empfehlen. (5) Gefällt / Bestellt Ihnen das?

○ Ja, danke. Das nehme ich. ___/ 5

3 Ergänzen Sie *Welch-* und *dies-* in der richtigen Form.

0. _Welcher_ Mantel steht mir besser?
1. _____ Schuhe gefallen dir?
2. _____ Jacke passt mir nicht.
3. Ich finde _____ Pullover wirklich schön.
4. _____ Kaufhaus kannst du empfehlen?
5. Willst du _____ Kleid zurückschicken? ___/ 5

4 Ergänzen Sie die Personalpronomen im Dativ oder Akkusativ.

○ Kann ich (0) _Ihnen_ helfen?

● Ja, bitte. Wie steht (1) _____ dieser Mantel?

○ Also, ich finde (2) _____ ein bisschen zu groß. Aber hier habe ich einen anderen Mantel für (3) _____. Passt er (4) _____?

● Ja, sehr gut! Den nehme ich. Und jetzt noch etwas: Meine Freundin hat morgen Geburtstag und ich möchte etwas für (5) _____ kaufen.

○ Dann kommen Sie mal bitte mit … ___/ 5

5 Im Kaufhaus. Wo finden Sie das? Lesen Sie die Tafel und notieren Sie.

4. Stock	Restaurant / Kundenservice / Toiletten / Sportartikel / Sportkleidung / Bademode
3. Stock	Haushaltswaren / Alles für die Küche / Tisch- und Bettwäsche
2. Stock	Computer / TV / DVD / Audio / Foto / Elektrozubehör
1. Stock	Herrenmode / Herrenschuhe / Mode und Schuhe für Kinder und Jugendliche
Erdgeschoss	Damenmode / Schmuck und Accessoires / Schuhe für sie
Untergeschoss	Lebensmittel / Delikatessen / Schreibwaren / Bücher / Zeitschriften

0. Kugelschreiber _Untergeschoss_
1. USB-Sticks _____
2. Tee _____
3. Fußbälle _____
4. Schals _____
5. Tassen _____ ___/ 5

11 Die Jacke gefällt mir!

6 Düsseldorf. Lesen Sie die Texte. Welche Überschrift passt? Ordnen Sie zu.

Shoppen in Düsseldorf   Essen und trinken   Studium in Düsseldorf

Eine interessante Stadt   ~~Düsseldorf – Landeshauptstadt~~

Stadt am Fluss

0. Düsseldorf – Landeshauptstadt

Düsseldorf ist eine Stadt in Deutschland. Sie ist die Landeshauptstadt von Nordrhein-Westfalen. Hier gibt es viele internationale Firmen.

1. _____

Düsseldorf hat ca. 620.000 Einwohner. Und jedes Jahr kommen viele Touristen nach Düsseldorf. In der Stadt ist es nie langweilig: Eine Messe, Karneval oder Kirmes – hier ist immer etwas los.

2. _____

Düsseldorf liegt am Rhein. Der Fluss war immer schon wichtig für die Stadt. Am Rhein kann man sehr schön spazieren gehen. Viele machen hier Sport, feiern Partys oder grillen.

3. _____

Die Kö, eigentlich Königsallee, ist eine große Einkaufsstraße. Sie ist international bekannt für Designermode. Aber es gibt auch andere Viertel und Einkaufsstraßen. Dort findet man auch Mode für wenig Geld.

4. _____

In Düsseldorf gibt es 22 Hochschulen. Sehr bekannt sind die Kunstakademie Düsseldorf und die Heinrich-Heine-Universität. Hier kann man zum Beispiel Medizin, Recht, Mathematik und Philosophie studieren.

5. _____

In Düsseldorf gibt es viele Kneipen: von traditionell bis jung und kreativ. Es ist für jeden etwas dabei. Und probieren Sie einen Sauerbraten in einem Brauhaus. Das ist eine Spezialität hier und sehr lecker!

___/5

11 Die Jacke gefällt mir!

7 Schreiben Sie eine Antwort an Elias.

Situation: Elias hat eine Einladung zu einem Bewerbungsgespräch. Er weiß nicht, was er anziehen soll. Sie bekommen folgende E-Mail von ihm:

> Betreff: Bewerbungsgespräch
>
> Hi!
> Endlich eine Einladung zum Bewerbungsgespräch! Ich bin total glücklich. Der Termin ist nächste Woche. Aber was ziehe ich da an? Du kannst mir doch sicher helfen.
> Schreib mir bitte: Was ziehst du bei einem Bewerbungsgespräch an? Welche Farben findest du gut? Wo kaufst du ein?
> Liebe Grüße
> Elias

Antworten Sie Elias. Schreiben Sie **circa 30 Wörter**.
- Beantworten Sie alle Fragen.
- Schreiben Sie am Ende einen Gruß.

___ / 5

8 Nehmen Sie eine Karte zum Thema *Kleidung* und eine Karte zum Thema *Geschäfte*. Fragen Sie Ihren Partner / Ihre Partnerin. Ihr Partner / Ihre Partnerin antwortet und stellt dann die nächste Frage.

Beispiel: Partner A: *Wie sieht deine Lieblingshose aus?*

Partner B: *Meine Lieblingshose? Das ist eine Jeans. Sie ist blau und schon sehr alt.*

Thema: Kleidung	Thema: Kleidung	Thema: Geschäfte	Thema: Geschäfte
Party	Internet	Öffnungszeiten	Lieblingsgeschäft
Jacke	Wochenende	Bücher	Kaufhaus
Lieblingshose	Sommer	Untergeschoss	Internet

___ / 5

___ / 40

Ab in den Urlaub!

1 Kreuzen Sie an: ☐ Richtig oder ☐ Falsch. Sie hören jeden Text einmal.

0. Die Fahrgäste sollen in Kassel im Zug bleiben. ☐ Richtig ☒ Falsch
1. Frau Lemke soll zum Ausgang B gehen. ☐ Richtig ☐ Falsch
2. Fahrgäste zum U-Bahnhof Emser Straße sollen den Bus nehmen. ☐ Richtig ☐ Falsch
3. Das Busticket soll man an der Haltestelle kaufen. ☐ Richtig ☐ Falsch
4. Die Besucher sollen ins Museum kommen. ☐ Richtig ☐ Falsch
5. Frau Gerlach soll ihr Kind abholen. ☐ Richtig ☐ Falsch ___/ 5

2 Hören Sie die Fragen. Welche Antwort passt? Kreuzen Sie an.

0. ☒ Am Wochenende. ☐ b Seit zwei Tagen.
1. ☐ a In Italien. ☐ b Nach Frankreich.
2. ☐ a Meine Familie. ☐ b Einen Freund.
3. ☐ a In drei Tagen. ☐ b Vor drei Wochen.
4. ☐ a Mit den Freunden. ☐ b Seine Freunde.
5. ☐ a In die Tasche. ☐ b Einen Schlafsack. ___/ 5

3 Was passt nicht? Streichen Sie durch.

0. eine Reise — organisieren / ~~besuchen~~ / buchen
1. einen Helm — tragen / suchen / umsteigen
2. an der Haltestelle — einsteigen / warten / dauern
3. die Sonnenbrille — vergessen / scheinen / einpacken
4. das Flugzeug — nehmen / verpassen / wecken
5. den Koffer — machen / packen / tragen ___/ 5

4 Lesen Sie die E-Mail. Schreiben Sie Fragen zu den Sätzen 1–5 wie im Beispiel.

Wann? | Wie lange? | Wen? | Mit wem? | ~~Wo?~~ | Was?

> Hallo Nicolas,
> wie geht's? Dieses Jahr war ich im Urlaub in Bremen (0). Ich war zwei Wochen dort (1). Und ich war mit meiner Schwester unterwegs (2). Wir haben viele Ausflüge gemacht (3). Und weißt du was? In Bremerhaven haben wir Ruben getroffen (4). Ich habe mich so gefreut und zwei Tage später hat er mich angerufen (5). Na ja, den Rest erzähle ich dir mal am Telefon. 🙂
> Liebe Grüße
> Nora

0. *Wo war Nora im Urlaub?*
1. _____
2. _____
3. _____
4. _____
5. _____ ___/ 5

12 Ab in den Urlaub!

5 Lesen Sie die Texte und die Aufgaben 1–5. Auf welcher Webseite finden Sie die Information? Kreuzen Sie an: a oder b?

0. Sie möchten einen Film in Berlin sehen.

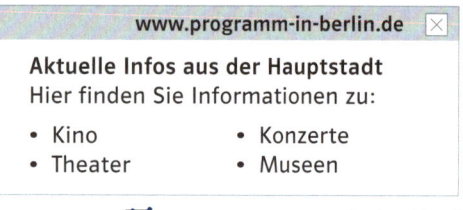 

☒ www.programm-in-berlin.de   b www.abends-in-berlin.de

1. Sie möchten wissen: Scheint die Sonne in München?

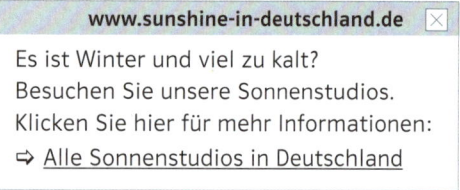 

a www.sunshine-in-deutschland.de   b www.wetter48.de

2. Sie möchten einen Flug im Internet kaufen.

 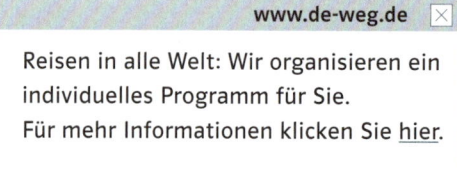

a www.fliegerline.de   b www.de-weg.de

3. Sie möchten wissen: Wann kommt der Zug an?

 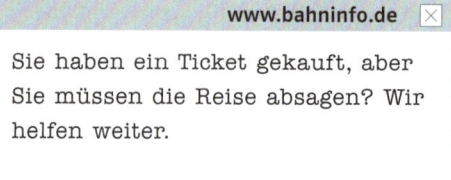

a www.züge-ankunft.de   b www.bahninfo.de

4. Sie möchten in Hamburg studieren.

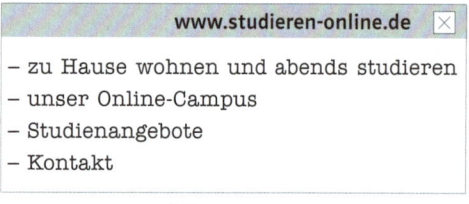 

a www.studieren-online.de   b www.studieren-hh.de

5. Sie wollen in Deutschland Urlaub machen und suchen Informationen über die Berge.

a www.wander-tour.de   b www.natururlaub.de

___ / 5

Ab in den Urlaub! 12

6 Sie waren im Urlaub. Schreiben Sie eine E-Mail.

Sie waren im Urlaub und schreiben an Ihre Freundin Lisa eine E-Mail. Schreiben Sie über folgende Punkte:

- Wo waren Sie?
- Wie war das Wetter?
- Was haben Sie gemacht?

Schreiben Sie zu jedem Punkt ein bis zwei Sätze (ca. 30 Wörter). Schreiben Sie auch eine Anrede und einen Gruß.

_____,

___ / 5

7 Sie bekommen drei Bilder. Wählen Sie ein Bild aus. Sprechen Sie über das Bild.

- Was sehen Sie?
- Wie viele Personen sehen Sie?
- Wo sind diese Personen?
- Was machen diese Personen?

___ / 5

8 Sie sind nun in der Situation des gewählten Bildes. Spielen Sie diese Situation mit Ihrer Gesprächspartnerin / Ihrem Gesprächspartner.

___ / 5

_____ / 40

Transkripte

1 Guten Tag!

🔊 1

0 Hallo, ich bin Julia. Und du?
1 Hallo Niklas! Wie geht's?
2 Und dir?
3 Tschüs!
4 Guten Morgen. Mein Name ist Nina Weber.
5 Ich heiße Oliver Hansen.

🔊 2

0 ○ Guten Abend, woher kommen Sie?
　● Aus Frankfurt, und Sie?
1 ○ Entschuldigung, wie ist Ihr Name?
　● Boris Walder.
2 ○ Und woher kommen Sie, Herr Walder?
　● Aus Österreich.
3 ○ Wo wohnen Sie?
　● In Salzburg.
4 ○ Und welche Sprachen sprechen Sie?
　● Ich spreche Deutsch und Englisch.
5 ● Und jetzt lerne ich Arabisch.

2 Freunde, Kollegen und ich

🔊 3

0 ○ Na, Tanja, wie geht's?
　● Danke, gut! Du, Martin, gehen wir am Freitag ins Theater?
　○ Ins Theater? Nicht so gern.
　● Hmmm … Gehen wir ins Kino?
　○ Ja, super!
1 ○ Hi Cem!
　● Hallo Elias!
　○ Spielen wir am Samstag Fußball?
　● Ja, gern.
　○ Und am Sonntag joggen wir, okay?
　● Nein, das geht leider nicht.
2 ○ Hallo Paula, kochen wir am Samstag Spaghetti?
　● Ich arbeite am Samstag.
　○ Ah, okay. Hast du am Sonntag Zeit?
　● Nein, leider nicht! Am Sonntag arbeite ich auch.
　○ Und wann hast du frei?
　● Am Montag!
3 ○ Entschuldigung, wie heißen Sie?
　● Lena Bertels.
　○ Und was sind Sie von Beruf?
　● Ich studiere an der Universität.
　○ Ah, super.

4 ○ Und Sie? Wie ist Ihr Name bitte?
　● Ich heiße Julian Wenzel.
　○ Und was machen Sie gern?
　● Ich fotografiere gern.
　○ Sind Sie Journalist?
　● Ach so, nein. Ich arbeite in einer Schule. Ich bin Lehrer.
5 ○ Wie heißen Sie bitte?
　● Anna Schulte.
　○ Wo arbeiten Sie?
　● Im Krankenhaus.
　○ Sind Sie Ärztin?
　● Nein, ich bin Krankenpflegerin.

 4

0 0176 23 24 54 78
1 0421 89 74 45
2 0156 887 632 14
3 030 787 65 42
4 07171 88 34 01
5 0221 16 20 137

3 In Hamburg

🔊 5

Hallo Martha, hier ist Philipp. Wie geht es dir? Du, gehen wir zusammen ins Kino? Du siehst doch gerne Filme, oder? Ich arbeite am Freitag nicht und habe frei. Hast du am Freitag auch Zeit? Es gibt ein Sommerkino. Das ist im Park. Es ist toll da im Sommer. Kommst du? Da fährt die U-Bahn und dann gehen wir zu Fuß. Wir sprechen morgen, okay? Ich arbeite und meine Telefonnummer in der Firma ist: 48 79 983. Tschüs.

🔊 6

0 Gehst du jetzt zu Fuß?
1 Entschuldigung. Wo ist bitte die Kirche?
2 Wann gehen wir ins Kino?
3 Was ist das?
4 Sind das Konzertkarten?
5 Schwimmst du gern?

4 Guten Appetit!

🔊 7

0 ○ Hey Lisa, machen wir heute Abend eine Pizza?
● Oh ja, super! Brauchen wir etwas?
○ Tomaten und Käse haben wir noch, aber kaufst du bitte Schinken?
● Ja, mache ich.
○ Dazu machen wir einen Salat, okay?
● Mhm.
○ Dann brauchen wir noch eine Gurke. Kaufst du die bitte auch? Ach ja, und Wasser bitte auch. Danke.

1 ○ Ich nehme drei Limonaden. Was kosten die?
● Eine Limonade kostet 2,30 € … Das macht dann 6,60 €, ähm, nein, 6,90 €.
○ Hier bitte.
● Vielen Dank. Und 3,10 € zurück.
○ Danke.

2 ○ Entschuldigung?
● Ja, bitte?
○ Ich möchte bitte eine Suppe.
● Wir haben leider keine Suppe. Aber wir haben Fisch. Der ist ganz frisch!
○ Danke, aber ich mag keinen Fisch. Haben Sie Salat?
● Ja, natürlich.
○ Gut, dann nehme ich den Salat und ein Wasser, bitte.
● Gerne.

3 ○ Sonst noch etwas?
● Moment … Orangen habe ich auch. Das ist alles, danke.
○ Brauchen Sie eine Tüte?
● Ja, bitte.
○ Hier, bitte. Die kostet 10 Cent. Das macht zusammen 9,70 €. Brauchen Sie den Kassenzettel?
● Nein, danke.

4 ○ Lilli, gehst du heute zum Supermarkt?
● Brauchen wir etwas?
○ Ja, wir brauchen noch Brot.
● Kaufst du das nicht auf dem Markt?
○ Nein, ich habe keine Zeit heute.
● Okay, dann gehe ich noch in die Bäckerei.
○ Oh, super. Danke.

5 ○ Wer kommt dran?
● Ich, bitte.
○ Hallo Herr Anvers! Nehmen Sie wieder 100 Gramm Schinken?
● Nein, heute nehme ich 150 Gramm, bitte. Meine Freundin kommt.
○ Ah, okay. Der Schinken kostet heute nur 25,90 € pro Kilo.
● Hm, Moment. Ja, dann nehme ich 200 Gramm.
○ Gerne. Sonst noch etwas?
● Nein, danke. Das ist alles.

5 Alltag und Familie

🔊 8

0 ○ Entschuldigung, wie viel Uhr ist es?
● Es ist zwanzig nach acht.
1 ○ Entschuldigung, wie spät ist es?
● Moment … es ist Viertel vor fünf.
2 ○ Ich hätte gern einen Termin um halb sechs.
● Ja, das geht.
3 ○ Es tut mir leid, ich bin zu spät.
● Schon gut, aber das nächste Mal bitte pünktlich. Es ist schon fünf vor halb neun.
4 ○ Was? Fünf nach halb zwölf! Du, ich muss gehen.
● Na gut, dann bis morgen.
5 ○ Können Sie am Dienstag um vierzehn Uhr fünfzehn?
● Ja, das geht.

🔊 9

1 ○ Entschuldigung. Können Sie mir bitte sagen, wo die Universität ist?
● Ja. Gehen Sie hier immer geradeaus und da vorne nehmen Sie die U-Bahn. Fahren Sie drei Stationen bis Schottentor und dann gehen Sie noch zwei Minuten zu Fuß. Da ist die Universität.
○ Vielen Dank.

2 ○ Schauen Sie mal, das ist mein Sohn Felix und seine Frau. Sie wohnen in Düsseldorf und ich sehe sie leider nicht so oft.
● Und wer ist das?
○ Das ist meine Tochter. Sie ist Journalistin und sie hat zwei Kinder.

3 ○ Jana, die Besprechung … Es ist schon Viertel nach drei.
● Tut mir leid, ich weiß, ich bin zu spät. Ich war noch bei der Chefin.
○ Schon gut. Komm, wir gehen. Die anderen warten schon.

4 ○ So, da sind wir. Stephansplatz. Das macht 12,80 €.
● So schnell? Super. Ähm, ich muss mit 50 € bezahlen. Geht das? Machen Sie 15.
○ Danke. Kein Problem, ich kann wechseln. So, und hier 35 € zurück.
● Danke. Auf Wiedersehen.
○ Auf Wiedersehen.

5 ○ So, der Tisch ist fertig.
● Ah ja, danke. Kannst du bitte den Salat noch waschen?
○ Ja, mache ich. Du, wie lange muss das Fleisch noch kochen? Andrea und Jonas kommen in fünf Minuten.
● 20 Minuten und dann ist das Fleisch fertig. Wir können ja mit dem Salat anfangen …

Transkripte

6 Zeit mit Freunden

🔊 10

A Hey Ben, ich bin's, Luis. Nächste Woche ist ein tolles Konzert. Da musst du mitkommen. Meine Freunde aus Berlin spielen und noch ein paar andere Gruppen. Es ist am Freitag, also am 18. Oktober, und es fängt um 20 Uhr an. Wir treffen uns im „Kramladen". Ich glaube, den kennst du noch nicht. K-R-A-M-L-A-D-E-N. Die Adresse findest du im Internet. Ach ja, der Eintritt kostet 12 € pro Person. Ich hoffe, du kommst mit! Kannst du mich bitte anrufen?

B Hey Anke, Tatjana hier. John macht ja morgen seine Geburtstagsparty. Du kommst auch, oder? Hast du seine Adresse? Er wohnt in der Leibnizgasse 14. L-E-I-B-N-I-Z-gasse 14. Wir können zusammen fahren. Wir brauchen die U-Bahn – warte mal – ah, zwei. Treffen wir uns um 17:30 Uhr? Ich hole dich ab. Dann können wir auch ein Geschenk kaufen. Ich möchte ein Buch kaufen. Ist das okay für dich? Kathi will auch mitkommen. Rufst du sie an? Ihre Telefonnummer ist: 0167 61 44 77 38.

7 Arbeitsalltag

🔊 11

0 ○ Hallo Milena!
● Hi Max!
○ Du, wir haben heute um 12 Uhr einen Termin bei Frau Ehlig.
● Okay. Und wo ist ihr Büro?
○ Warte mal, ich sehe schnell nach. Frau Ehlig ist in Zimmer … 21. Moment, nein, in Zimmer 22!
● Zimmer 22, gut. Dann bis später!

1 ○ Hallo Felix, du bist ja heute schon früh im Büro.
● Ja, stimmt.
○ Du, gehst du später zur Post? Ich habe ein paar Briefe.
● Nein, tut mir leid. Zur Post gehe ich heute nicht. Ich gehe zur Bank.
○ Oh, schade. Gut, dann bringe ich später die Briefe weg.

2 ○ Du, Gregor. Ich muss die Präsentation noch fertig machen. Wann ist denn heute unser Termin beim Chef?
● Ah, da hast du noch Zeit, der ist erst in fünf Stunden.
○ Ach so, das ist gut.
● Ja, zuerst trifft er einen Kunden, um 13 Uhr. Und dann ist unser Termin, um 16 Uhr.
○ Alles klar, danke!

3 ○ Puh, ganz schön viel Arbeit.
● Komm, Susa. Wir machen Pause. Ich mache Kaffee. Möchtest du auch einen?
○ Nein, danke. Ich hatte heute schon drei Kaffee.
● Willst du vielleicht einen Tee? Oder warte, hier ist auch noch Saft.
○ Ich nehme gerne einen Tee. Mit Zucker, bitte.

4 ○ Ciao Philipp! Gehst du auch nach Hause?
● Nein, ich gehe heute noch ins Kino.
○ Ah, interessant. Allein?
● Nein, mit Anna.
○ Ah, ist das eine Kollegin?
● Nein, sie ist eine Freundin. Heute sehen wir einen Film von einem Regisseur aus Spanien. Meine Schwester sagt, der Film ist super.
○ Ah, schön. Dann viel Spaß!

5 ○ Na, Valentin, wie findest du dein Praktikum?
● Super. Es ist sehr interessant und die Kollegen sind so nett. Sie erklären viel. Hm, aber die Gespräche mit Kunden sind noch sehr schwer für mich, da mache ich auch noch Fehler.
○ Ja, aber das lernst du noch. Magst du auch einen Kaffee?
● Oh ja, Kaffee ist gut. Ich bin noch ein bisschen müde. So früh aufstehen und um halb acht hier sein. Das ist nicht so toll.

8 Fit und gesund

🔊 12

0 Guten Tag, Frau Aller. Hier Praxis Dr. Steiger. Es geht um Ihren Termin morgen. Wir müssen leider einen neuen Termin machen. Bitte rufen Sie in der Praxis an. Unsere Telefonnummer ist 93578364. Bitte melden Sie sich bald. Auf Wiederhören.

1 Guten Tag, Frau Leiner. Hier Praxis Dr. Meubach. Können Sie heute etwas später kommen, so um 16:00 Uhr? Herr Dr. Meubach hatte heute Verspätung und war erst um 12:00 Uhr hier. Ihr Termin ist eigentlich um 14:00 Uhr, aber da müssen Sie lange warten. Vielen Dank und bis später.

2 Hallo Anna, hier Vito. Wie geht es dir? Hast du noch Kopfschmerzen und warst du beim Arzt? Heute Abend gehen wir lieber nicht ins Kino … Aber ich kann dich zu Hause besuchen. Um acht, okay?

3 Hallo Jannis, hier Mama. Vielleicht schläfst du ja. Hoffentlich! Hast du noch Halsweh? Also, ich finde, du musst nicht zum Arzt gehen! Trink eine warme Milch mit Honig. Das hilft. Ich rufe morgen wieder an!

4 Hallo Timo, hier ist Laurin. Ich komme heute etwas später zur Arbeit. Sag bitte Frau Köhler Bescheid. Ich hatte einen Unfall mit dem Fahrrad und bin jetzt beim Doktor. Also, bis später und danke!

5 Praxis Dr. Schirmer, guten Tag. Herr Nowak, Ihr Rezept ist jetzt fertig. Sie können heute Nachmittag kommen. Die Salbe haben Sie ja schon. Und Frau Dr. Schirmer sagt, den Hustensaft müssen Sie nicht mehr nehmen. Auf Wiederhören!

9 Meine Wohnung

🔊 13

0 ○ Hallo Nina. Wohnst du hier?
● Ja, gleich hier in der Besselstraße.
○ Hast du eine neue Wohnung?
● Ja, eine super schöne Wohnung. Leider nur ein Zimmer, nicht mehr zwei Zimmer wie früher. Aber im fünften Stock mit Aufzug und Balkon.
○ Toll. Mensch, dann besuche ich dich mal.
● Ja, das kannst du machen. Bis dann.

1 ○ Hallo Yunus, na, wie geht's?
● Och, na ja, es geht. Ich suche eine Wohnung. Eine Zwei-Zimmer-Wohnung mit Balkon. Vielleicht hörst du ja etwas. Dann kannst du mich anrufen, ja?
○ Ach, willst du keinen Garten mehr?
● Nee, das ist mir zu viel Arbeit.
○ Gut, ich melde mich. Na dann, tschüs.

2 Hier Immobilien Kaufmann in Düsseldorf. Suchen Sie eine Wohnung? Rufen Sie Montag bis Freitag von 10 bis 19 Uhr oder samstags von 10 bis 14 Uhr an. Vielleicht interessiert Sie auch unser Top-Angebot: Altstadt, Drei-Zimmer-Wohnung mit Terrasse, 85 Quadratmeter, zentral am Bahnhof für nur 1.200 Euro im Monat.

3 Du, Jan, hier ist Suse. Hannes und ich suchen eine Wohnung. Unsere Wohnung ist zu klein und zu dunkel. Jetzt suchen wir eine Vier-Zimmer-Wohnung, aber zentral. Sie darf bis 1.000 Euro kosten. Hast du eine Idee? Tschüs.

4 Hi Suse, jetzt bist du nicht zu Hause. Jan hier! Also, in unserem Haus gibt es eine Wohnung. Es ist aber nur eine Drei-Zimmer-Wohnung, keine Vier-Zimmer-Wohnung. Aber sie ist super: Sie hat eine Terrasse und ist sehr groß und hell. Ist das interessant für euch? Du kannst mich bis 23 Uhr anrufen. Vielleicht sind wir ja bald Nachbarn! Ciao.

5 ○ Hi Miri!
● Hallo Leo.
○ Wir machen am Samstag eine Party. Kommst du auch?
● Warum? Hast du Geburtstag?
○ Nein, wir haben doch eine neue Wohnung.
● Mensch, toll!
○ Ja, eine Zwei-Zimmer-Wohnung, top renoviert und sehr zentral, direkt am Marktplatz.
● Super. Na, da komme ich gern.
○ Dann bis Samstag. Die Adresse schreibe ich dir noch.

🔊 14

1 ○ Wohin soll ich die Kiste bringen?
● Sind das die Gläser?
○ Nein, die Bücher.
● Ah, bitte ins Schlafzimmer.
○ Okay.

2 ○ Kannst du jetzt den Computer noch einmal hochfahren?
● Ja, mache ich. Ah, super, das sieht gut aus. So, und jetzt das Passwort. Vielen Dank für deine Hilfe.

3 ○ Die Gäste kommen in 20 Minuten.
● Kein Problem. Der Tisch ist sofort fertig. Gibst du mir bitte noch ein Glas?
○ Ja, warte. Ich hole es in der Küche.

4 ○ Wie findest du die Wohnung hier?
● Schön, aber das sind nur zwei Zimmer, oder? … Und kein Balkon. Nee. Kannst du mal auf die andere Webseite gehen?

5 ○ Das Sofa ist wirklich gemütlich.
● Ja, das stimmt. Möchten Sie das Sofa in Weiß, Grün oder Rot? Sehen Sie, hier sind alle Farben.
○ Hm … Grün finde ich gut. Was meinst du?

10 Studium und Beruf

🔊 15

Entschuldigen Sie, kann ich Sie etwas fragen? Was ist für Sie im Beruf wichtig? Sie sehen hier vier Bilder. Welches passt am besten?

1 Ich möchte die Welt sehen und viele Länder kennenlernen. Als Journalistin kann ich das natürlich machen. Ich mag meinen Beruf sehr.

2 Also, mein Job darf nicht langweilig sein. Ich möchte immer wieder etwas Neues machen. Dann lerne ich auch einfach mehr.

3 Für mich ist nicht so wichtig, was ich mache. In jedem Beruf gibt es langweilige Aufgaben. Ich möchte einfach gut verdienen. Mein Hobby ist sehr teuer: Ich segle gern.

4 Geld ist mir nicht so wichtig. Arbeit muss Spaß machen. Und den habe ich meistens mit Menschen. Also, in meinem Job sind die Leute immer sehr freundlich, das ist super.

5 Karriere machen, das ist für mich wichtig. Da verdient man auch mehr Geld. Und in meiner Freizeit kann ich dann machen, was ich will.

11 Die Jacke gefällt mir!

🔊 16

0 ○ Entschuldigung, wie viel kostet bitte der Gürtel da?
● Dieser hier? Der kostet 29 €.
○ Nein, ich meine diesen hier.
● Ah ja. Der ist im Angebot, vorher 19 €, jetzt nur noch 9 €.
○ 9 €? Super, den nehme ich.

1 ○ Entschuldigung, wo finde ich Hosen?
● Im ersten Stock, da ist die Damenmode.
○ Äh, nicht für mich, für meine Tochter.
● Welche Größe hat sie denn?
○ 152.
● Da schauen Sie am besten in der Kinderabteilung im dritten Stock. Mode für Jugendliche haben wir im zweiten Stock. Aber ich denke, da sind die Sachen zu groß. Gehen Sie besser in die Kinderabteilung.
○ Vielen Dank!

2 ○ Was machst du denn noch am Computer, Finn? Ah, bestellst du was?
● Ja, schau mal hier: der Pulli in Schwarz.
○ Hm, schwarz finde ich echt langweilig. Hier, diese Hose sieht doch toll aus.
● Ja, aber ich brauche keine Hose. Und wie findest du das T-Shirt?
○ Ich weiß nicht. Das finde ich nicht so toll.
● Also, dann nehme ich jetzt den Pulli. Den kann ich ja auch in Blau nehmen.

3 ○ Du, was schenken wir Mama zum Geburtstag?
● Hm, Taschen hat sie schon so viele. Aber vielleicht ein Tuch?
○ Meinst du? Oder vielleicht eine Uhr …
● Nee, das finde ich zu teuer.
○ Gut, dann kaufen wir ein Tuch für sie.

4 ○ Gehst du noch weg?
● Ja, ich will noch ein Buch kaufen. Du, ist der Buchladen heute auch bis 18 Uhr geöffnet?
○ Hm, heute am Samstag? Ich glaube, da macht er schon um 13 Uhr zu. Warte, ich schaue mal … Ah, nein, er hat bis 16 Uhr offen.

5 ○ Und, wie finden Sie die Bluse?
● Sie passt super!
○ Ja, und dieses Grau sieht sehr gut aus.
● Danke, finde ich auch. Was kostet sie denn?
○ Sehen Sie, das Material ist sehr teuer und der Designer ist echt berühmt – na ja, also 150 Euro.
● 150 Euro! Das ist viel zu teuer!

12 Ab in den Urlaub!

🔊 17

0 Sehr geehrte Fahrgäste, um 15:50 Uhr kommen wir in Kassel Hauptbahnhof an. Unser Zug endet dort – bitte alle aussteigen! Der Zug nach Berlin um 15:45 Uhr kann leider nicht warten. Wir informieren Sie bald über Ihre Reisemöglichkeiten nach Berlin.

1 Frau Dorothea Lemke, angekommen mit City-Air, Flug 974 aus Wien, bitte kommen Sie sofort zum City-Air-Schalter am Ausgang B. Frau Dorothea Lemke bitte zum City-Air-Schalter am Ausgang B.

2 Sehr geehrte Fahrgäste, im Moment gibt es eine Baustelle an der U-Bahnlinie 8. Deshalb ist der U-Bahnhof Emser Straße geschlossen. Fahrgäste zum U-Bahnhof Emser Straße steigen bitte hier aus und fahren mit dem Bus 122.

3 Besichtigen Sie die fantastischen Sehenswürdigkeiten Berlins mit dem Tour-Bus Berlin. Mit Ihrem Ticket können Sie den ganzen Tag durch Berlin fahren. Sie können an jeder Haltestelle aussteigen und einsteigen. Sie bekommen Ihr Ticket direkt beim Busfahrer!

4 Liebe Besucher und Besucherinnen, unser Museum schließt in fünfzehn Minuten. Bitte gehen Sie jetzt zum Ausgang. Vergessen Sie Ihre Jacken und Taschen in den Schränken nicht! Unser Restaurant hat für Sie noch bis 22 Uhr geöffnet und Sie können dort den Abend genießen. Vielen Dank für Ihren Besuch!

5 Achtung, eine wichtige Durchsage: Frau Gerlach, bitte kommen Sie sofort zum Kundenservice im 3. Stock. Ihre Tochter wartet dort auf Sie! Frau Gerlach, bitte in den 3. Stock zum Kundenservice kommen!

🔊 18

0 Wann fährt Javier nach Stuttgart?
1 Wohin reisen Anna und Katharina?
2 Wer hat uns eingeladen?
3 Wann kommt dein Freund?
4 Wen trifft Nils im Urlaub?
5 Was packst du in den Koffer ein?

Lösungen

1 Guten Tag!

1
1a; 2b; 3a; 4a; 5b

2
1. falsch; 2. falsch; 3. richtig; 4. falsch; 5. richtig

3
1. Wer; 2. Welche; 3. Woher; 4. Wo; 5. Wie

4
1. Wie heißen Sie?
2. Ich komme aus der Schweiz.
3. Woher kommst du?
4. Mein Name ist Luca Mendoza.
5. Welche Sprachen sprechen Sie?

5
1. ist; 2. spricht/sprechen; 3. heißt; 4. wohnt; 5. kommen

6
1. Russisch; 2. Polen; 3. Japanisch; 4. Französisch; 5. Italien

7
1. Japan; 2. Berlin; 3. Kateb Brahim; 4. Paris; 5. Arabisch, Französisch, Deutsch

8
Musterlösung:
1. Saki Tanaka; 2. Japan; 3. Japanisch, Englisch, Deutsch; 4. 0176 84 53 630; 5. saki-tanaka@egmail.com

2 Freunde, Kollegen und ich

1
1. richtig; 2. richtig; 3. richtig; 4. falsch; 5. falsch

2
1b; 2b; 3a; 4a; 5a

3
1. arbeiten; 2. die Freundin; 3. der Club; 4. das Wochenende; 5. das Krankenhaus

4
1. Seid ihr Studenten?
2. Singt Julia gut?
3. Gehen wir am Samstag ins Museum?
4. Arbeitet sie morgen? / Arbeiten Sie morgen?
5. Spielt er am Sonntag Fußball?

5
1. Bist; 2. liest; 3. Hat; 4. arbeitet; 5. sprechen

6
1. das Foto – die Fotos
2. das Buch – die Bücher
3. die Stunde – die Stunden
4. der Lehrer – die Lehrer
5. der Tag – die Tage

7
Musterlösung:
1. Amina; 2. Mazin; 3. 27.04.2000; 4. Friedrichstraße 24; 5. 35037 Marburg

8
Musterantwort:
Ich heiße Niklas Jamek und ich bin 29 Jahre alt. Ich komme aus Österreich und wohne in Köln. Ich spreche Deutsch, Englisch und Japanisch. Ich bin Student. Ich reise gern und höre auch gern Musik.

3 In Hamburg

1
1. Kino; 2. Freitag; 3. Park/Sommerkino; 4. zu Fuß; 5. 4879983

2
1b; 2a; 3a; 4b; 5a

3
1. Hafen; 2. fotografiere; 3. Oktober; 4. Filme; 5. interessant

4
1. schnell; 2. hoch; 3. alt; 4. breit; 5. lang
Lösung: das Hotel

5
1. eine; 2. keine; 3. Der; 4. kein; 5. die

6
1. Gehen Sie geradeaus und dann rechts.
2. Fahren Sie rechts und dann links.
3. Gehen Sie rechts und dann geradeaus.
4. Fahren Sie geradeaus und dann links.
5. Gehen Sie links und dann geradeaus.

7
1. die U-Bahn; 2. das Schiff; 3. die Straßenbahn; 4. der Bus; 5. das Fahrrad

8
Musterantwort:
1. Gehen Sie links und dann links. Gehen Sie rechts und dann geradeaus. Da ist das Hotel.
2. Gehen Sie geradeaus und dann rechts. Gehen Sie geradeaus und dann links. Da ist der Park.
3. Gehen Sie links und dann links. Gehen Sie rechts und dann geradeaus. Da ist der Bahnhof.
4. Gehen Sie links und dann rechts. Gehen Sie wieder links. Dort ist die U-Bahn.

4 Guten Appetit!

1
1c; 2c; 3a; 4c; 5c

2
1. die Schokolade; 2. das Gramm; 3. der Salat;
4. die Butter; 5. die Cola

3
1. Die; 2. eine; 3. den; 4. einen; 5. keinen

4
1. richtig; 2. richtig; 3. falsch; 4. falsch; 5. richtig

5
1. Er arbeitet im Restaurant Villa.
2. Er arbeitet am Dienstag, Mittwoch, Donnerstag und am Wochenende.
3. Er kauft Gemüse, Fleisch und Wurst.
4. Eine Kollegin macht die Desserts.
5. Nino mag seine Arbeit.

6
1. Er möchte; 2. trinken meine Kinder; 3. Ich nehme;
4. Möchtet ihr; 5. mag mein Mann

7
Musterlösung:
1. Ich trinke nicht gern Tee.
2. Ich esse gern Fisch und Gemüse.
3. Ich esse nicht gern Schokolade.
4. Heute Abend esse ich Nudeln mit Gemüse.
5. Ich koche gern Fisch mit Kartoffeln.

8
Musterdialoge:
Thema Essen: Brot: Isst du gern Brot? – Ja, ich esse gern Brot.
Fleisch: Magst du Fleisch? – Nein, nicht so gern.
Frühstück: Was isst du zum Frühstück? – Ich esse Müsli oder Brot mit Marmelade.
Sonntag: Was isst du am Sonntag? – Sonntags esse ich Fisch mit Gemüse.
kochen: Kochst du gern? – Nein, ich koche nicht gern.
Schokolade: Magst du Schokolade? – Ja, sehr!
Thema Einkaufen: Obst: Wo kaufst du Obst? – Ich kaufe Obst auf dem Markt.
Supermarkt: Was kaufst du im Supermarkt? – Ich kaufe Käse und Getränke.
kosten: Was kostet der Orangensaft? – Der Orangensaft kostet 1,09 Euro.
Markt: Kaufst du das Brot auf dem Markt? – Nein, ich kaufe das Brot in der Bäckerei.
Tüte: Brauchen Sie eine Tüte? – Nein, danke.
heute: Was kaufst du heute? – Heute kaufe ich Milch und Zucker.

5 Alltag und Familie

1
1a; 2c; 3a; 4b; 5b

2
A2; B1; C5; D3; F4

3
1b; 2a; 3b; 4a; 5a

4
1. seine/meine; 2. ihre; 3. dein; 4. unseren/seinen/meinen; 5. meine

5
1. Heute muss Noah bis 20 Uhr arbeiten.
2. Meine Kinder müssen am Nachmittag Hausaufgaben machen.
3. Am Freitag will ich ins Kino gehen.
4. Wir können morgen nicht tanzen.
5. Willst du am Wochenende deine Familie besuchen?

6
1. richtig; 2. falsch; 3. richtig; 4. falsch; 5. falsch

7
1. Zeit; 2. morgen; 3. Wie lange; 4. telefonieren; 5. Grüße

8
Musterdialoge:
1. Guten Tag, mein Name ist Ana Schlenker. Ich hätte gern einen Termin. Haben Sie morgen einen Termin frei? – Ja, das geht. Haben Sie um 11 Uhr Zeit? – Ja, das passt. Vielen Dank.
2. Es tut mir leid, ich bin zu spät. – Das nächste Mal bitte pünktlich!
3. Wir kochen heute Nudeln mit Gemüse. Was brauchen wir noch? – Nudeln haben wir. Wir brauchen Tomaten, Karotten und Zucchini. – Haben wir Käse? – Nein. Käse brauchen wir auch.

6 Zeit mit Freunden

1
1. Freitag; 2. 18.; 3. 20; 4. Kramladen; 5. 12;
6. Leibniz; 7. 2; 8. 17:30; 9. Buch; 10. 61447738

2
1. das Glas; 2. bestellen; 3. die Mail; 4. teuer;
5. das Trinkgeld

3
1. Sie; 2. dich; 3. euch; 4. uns; 5. mich

4
1. fängt … an; 2. holt … ab; 3. kommen … mit;
4. bringt … mit; 5. Rufst … an

Lösungen

5
1. war; 2. waren; 3. hatten; 4. warst; 5. hatte

6
1. richtig; 2. falsch; 3. richtig; 4. richtig; 5. falsch

7
Musterlösung:
Lieber Lennart,
ich habe am Freitag Geburtstag und will gern feiern. Ich lade dich herzlich ein. Die Party ist am Samstag und fängt um 19 Uhr an. Die Adresse ist Blumengasse 23. Ich kaufe Getränke. Kannst du einen Salat mitbringen?
Viele Grüße
Sabela

8
Musterdialoge:
Konzert: Kommst du morgen zum Konzert mit? – Ja, warum nicht?
Fußballspiel: Hast du morgen Zeit? Kommst du zum Fußballspiel mit? – Gute Idee!
Museum: Im Museum ist die lange Kulturnacht. Hast du Zeit? – Ja, ich komme gern mit.
Kino: Gehen wir ins Kino? – Nein, ich habe keine Lust.

7 Arbeitsalltag

1
1c; 2c; 3b; 4b; 5a

2
1. lesen; 2. schicken; 3. öffnen; 4. drucken; 5. ausmachen

3
1. mit der; 2. zur; 3. im; 4. vom; 5. aus dem

4
1. oder; 2. und; 3. aber; 4. oder; 5. aber

5
1. NEIN; 2. NEIN; 3. JA; 4. NEIN; 5. NEIN

6
Musterlösung:
Liebe Martha,
vielen Dank für deine E-Mail. Das ist eine schöne Idee. Ich habe am Donnerstag um 16:30 Uhr Zeit und am Freitag um 14:00 Uhr. Ich kann am Donnerstag zwei Stunden bleiben. Am Freitag kann ich bis 17:00 Uhr bleiben. Ich kann einen Kuchen machen.
Liebe Grüße
Paul

7
1. Deutsch; 2. Italienisch; 3. Sport und Musik; 4. Kinofilme; 5. abends und am Wochenende

8
Musterdialoge:
Wetter: Heute ist es wieder heiß. – Ja, ich gehe heute früh nach Hause.
Sport: Sehen Sie heute Abend auch das Fußballspiel? – Leider nein. Ich muss arbeiten.
Familie: Wie geht es Ihrer Frau? – Sehr gut, danke! Sie fährt morgen nach Hamburg.
Wochenende: Endlich Freitag! Und was machen Sie am Wochenende? – Ich fahre zu einer Freundin nach Freiburg.

8 Fit und gesund

1
1c; 2c; 3b; 4b; 5a

2
1. glücklich; 2. die Ohrenschmerzen; 3. trinken; 4. der Hausmeister; 5. der Verband

3
1. der Bauch; 2. das Bein; 3. der Kopf / die Haare; 4. der Arm; 5. die Hand

4
1. müssen; 2. müssen; 3. Darf; 4. soll; 5. dürfen

5
1. Bleiben Sie im Bett und essen Sie Hühnersuppe.
2. Geh ins Krankenhaus und beweg den Arm nicht.
3. Macht eine Pause und arbeitet nicht so viel.
4. Steh vom Sofa auf und hol die Kinder ab.
5. Seid aktiv und macht fünf Minuten Sport.

6
A3; B6; C4; D2; E1

7
Musterlösung:
Liebe Frau Winter,
ich bin krank und kann nicht zur Arbeit kommen. Der Arzt sagt, ich soll im Bett bleiben. Am Montag bin ich wieder im Büro. Informieren Sie bitte den Chef und die Kollegen. Vielen Dank!
Liebe Grüße
Pawel Kaminski

8
Musterdialoge:
Uhr: Entschuldigung, wie spät ist es? – Es ist fünf Uhr.
Zigarette: Bitte rauchen Sie hier nicht. – Oh, natürlich. Entschuldigung.
Laptop: Ich habe meinen Laptop vergessen. Darf ich kurz deinen Laptop benutzen? – Ja, klar!
Tasse: Eine Tasse Tee, bitte. – Ja, natürlich. Hier, bitte.

Fußball: Dürfen wir hier Fußball spielen? – Ja, natürlich.
Musik: Bitte machen Sie die Musik leise. – Oh, natürlich. Entschuldigung!

9 Meine Wohnung

1
1. falsch; 2. richtig; 3. richtig; 4. falsch; 5. richtig

2
A2; B1; C4; E5; F3

3
1. zwischen; 2. in; 3. Neben; 4. An; 5. hinter

4
1a; 2b; 3a; 4a; 5b

5
1. richtig; 2. falsch; 3. falsch; 4. richtig; 5. falsch

6
Musterlösung:
1. Die Wohnung ist 70 qm groß.
2. Wir haben drei Zimmer.
3. Es gibt einen Balkon.
4. Ich habe im Schlafzimmer ein Bett, einen Tisch, einen Schrank und ein Regal.
5. Die Nachbarn sind sehr nett.

7
Musterlösung:
Lieber Emil,
vielen Dank für die Einladung. Ich komme gern zur Party. Ich bringe meine Freundin Candela mit, okay? Sie ist sehr nett! Ich kann einen Kuchen machen und Getränke mitbringen. Ich komme pünktlich um 19:00 Uhr. Ich freue mich auf die Feier.
Viele Grüße, Tanja

8
Musterdialoge:
Thema Wohnen: Wohnung: Wo ist deine Wohnung? – In der Barnerstraße.
Zimmer: Wie viele Zimmer hat deine Wohnung? – Sie hat zwei Zimmer: Ein Schlafzimmer und ein Wohnzimmer.
Balkon: Hat deine Wohnung einen Balkon? – Ja. Er ist aber sehr klein.
Haus: Wie groß ist das Haus? – Im Haus gibt es sechs Wohnungen.
Nachbarn: Sind deine Nachbarn nett? – Ich kenne nur eine Nachbarin, Thea. Sie ist sehr nett.
Garten: Möchtest du gern einen Garten haben? – Nein, das ist zu viel Arbeit.
Thema Feste: Geburtstag: Wann hast du Geburtstag? – Am 31. Mai.

Gäste: Wie viele Gäste lädst du zum Geburtstag ein? – Ungefähr zehn Leute.
Uhrzeit: Um wie viel Uhr fängt deine Geburtstagsparty an? – Um 20 Uhr.
Geschenk: Welches Geschenk magst du? – Ich mag gern Bücher.
Essen: Isst du am Geburtstag Kuchen? – Ja, es gibt Apfelkuchen.
Musik: Welche Musik hörst du auf einer Party? – Ich höre Popmusik und tanze viel.

10 Studium und Beruf

1
Text 1: reisen; Text 2: Aufgaben interessant; Text 3: Bezahlung; Text 4: Kontakt mit Menschen; Text 5: Bezahlung

2
1. machen; 2. verbinden; 3. Prüfung; 4. geben; 5. Protokoll

3
1. gekommen; 2. gefahren; 3. gefunden; 4. getrunken; 5. gegangen

4
1. Gestern hat Felix zwei Stunden gelernt. 2. Wohin bist du letztes Jahr geflogen? 3. Jana hat vier Jahre Architektur studiert. 4. Heute hat er mit einer Kundin telefoniert. 5. Leider hat sie noch keine Arbeit gefunden.

5
1C; 2B; 3A; 4F; 5E

6
1. Eisverkäufer; 2. 1. August bis 30. September; 3. ja; 4. Leipzig; 5. +39 377 45 45 678

7
A2; B5; C4; D6; E3

8
Musterantwort:
Ich heiße Samira Madronich und bin 27 Jahre alt. Ich habe einen Bruder, Leon. Mein Lieblingsessen ist Pizza. Ich spreche Englisch, Deutsch und ein bisschen Französisch. Ich jogge gern.

11 Die Jacke gefällt mir!

1
1c; 2c; 3a; 4c; 5c

2
1. helfen; 2. steht; 3. finde; 4. empfehlen; 5. Gefällt

3
1. Welche; 2. Diese; 3. diesen; 4. Welches; 5. dieses

4
1. mir; 2. ihn; 3. Sie; 4. Ihnen; 5. sie

5
1. 2. Stock; 2. Untergeschoss; 3. 4. Stock; 4. Erdgeschoss; 5. 3. Stock

6
1. Eine interessante Stadt; 2. Stadt am Fluss; 3. Shoppen in Düsseldorf; 4. Studium in Düsseldorf; 5. Essen und trinken

7
Musterlösung:
Lieber Elias,
vielen Dank für deine E-Mail. Das ist toll. Ich ziehe bei einem Bewerbungsgespräch einen Anzug an. Ich finde blau gut und schwarz. Ich kaufe im Kaufhaus in Augsburg ein. Die Anzüge dort sind super. Wir können gern zusammen einkaufen gehen.
Viele Grüße, David

8
Musterdialoge:
Thema Kleidung: Party: Was trägst du auf einer Party? – Ein Kleid.
Internet: Kaufst du auch Kleidung im Internet? – Ja, ich finde das praktisch.
Jacke: Welche Farbe hat deine Jacke? – Sie ist grau.
Wochenende: Was ziehst du am Wochenende an? – Sportkleidung. Ich mache am Wochenende viel Sport.
Lieblingshose: Hast du eine Lieblingshose? – Ja, meine Jeans. Sie ist sehr bequem.
Sommer: Was trägst du im Sommer? – Kleider oder Röcke. Hosen sind mir im Sommer zu warm.
Thema Geschäfte: Öffnungszeiten: Wie lange hat das Kaufhaus heute offen? – Ich glaube, bis um 18:00 Uhr.
Lieblingsgeschäft: Was ist dein Lieblings-geschäft? – Der Papierladen im Zentrum. Die Sachen sind wirklich schön.
Bücher: Kaufst du oft Bücher? – Es geht. Ich lese wenig.
Kaufhaus: Was kaufst du im Kaufhaus? – Parfüm und Zeitschriften.
Untergeschoss: Was gibt es im Untergeschoss? – Dort gibt es Lebensmittel und Haushaltswaren.
Internet: Kaufst du Sachen im Internet? – Ja, manchmal. Ich kaufe vor allem Kleidung online.

12 Ab in den Urlaub!

1
1. richtig; 2. richtig; 3. falsch; 4. falsch; 5. richtig

2
1b; 2a; 3a; 4b; 5b

3
1. umsteigen; 2. dauern; 3. scheinen; 4. wecken; 5. machen

4
Musterlösung:
1. Wie lange war Nora dort? 2. Mit wem war sie unterwegs/dort? 3. Was hat sie gemacht? 4. Wen hat sie getroffen? 5. Wann hat Ruben sie angerufen?

5
1b; 2a; 3a; 4b; 5a

6
Musterlösung:
Liebe Lisa,
letzte Woche war ich in Dänemark. Ich habe meine Schwester besucht. Das Wetter war super! Es war sehr warm und die Sonne hat geschienen. Wir waren jeden Tag am Strand. Am Sonntag haben wir Kopenhagen angeschaut. Die Stadt ist toll.
Liebe Grüße, Andria

7
Musterantwort:
1. Ich sehe eine Hotelrezeption. Dort sind drei Personen. Eine Frau arbeitet im Hotel und ein Mann und eine Frau sind Gäste. Die Gäste unterschreiben ein Formular.
2. Auf dem Bild sind ein Mann und eine Frau. Sie sind zu Hause und packen die Koffer für den Urlaub. Sie haben Hüte auf dem Kopf.
3. Ich sehe eine Frau und einen Mann. Sie sind in einer Stadt. Der Mann hat eine Karte und zeigt den Weg. Die Frau schaut und hört zu. Sie hat eine Kamera in der Hand.

8
Musterdialoge:
1. Guten Tag. Haben Sie ein Zimmer gebucht? – Ja, ich heiße Farnow. – Einen Moment, bitte. Ah ja, hier ist Ihre Reservierung. Sie bleiben zwei Nächte? – Ja.
2. Was soll ich alles einpacken? – Du brauchst auf jeden Fall einen Badeanzug und ein Handtuch. – Hast du schon fertig gepackt? – Ja, ich bin fertig. – Hast du den Reiseführer? – Oh, den muss ich noch einpacken.
3. Wo ist denn die Uni? – Wir müssen geradeaus gehen. Und dann ist die Uni da vorne rechts.

Bewertung und Benotung

Die in den Kapiteltests erreichten Punkte können Sie mit dieser Leiste in Prozent umrechnen:

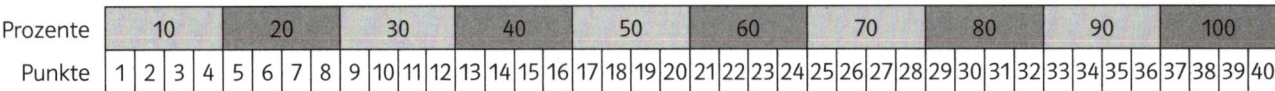

Orientieren Sie sich bei der Bewertung der produktiven Testteile Schreiben und Sprechen an den Kriterien von *Start Deutsch 1* und *ÖSD Zertifikat A1*. Sie müssen sie nur der vorgegebenen Punktzahl im Lösungsschlüssel anpassen.

Start Deutsch 1

1. Bewertung Schreiben

Teil 1: 1 Punkt pro richtig ausgefülltem Feld – es muss nicht orthografisch korrekt, aber verständlich sein.
Teil 2: maximal 3 Punkte pro Inhaltspunkt, maximal 1 Punkt für die Textsortenspezifik; insgesamt gibt es maximal 10 Punkte. Orthografiefehler führen nur zu Punkteabzug, wenn sie das Verständnis beeinträchtigen.

Erfüllung der Aufgabenstellung (pro Inhaltspunkt)	3 Punkte	Aufgabe voll erfüllt und verständlich
	1,5 Punkte	Aufgabe wegen sprachlicher und inhaltlicher Mängel nur teilweise erfüllt
	0 Punkte	Aufgabe nicht erfüllt und/oder unverständlich
Kommunikative Gestaltung des Texts	1 Punkt	der Textsorte angemessen
	0,5 Punkte	untypische oder fehlende Wendungen, z. B. keine Anrede
	0 Punkte	keine textsortenspezifischen Wendungen

2. Bewertung Sprechen

Erfüllung der Aufgabenstellung und sprachliche Realisierung	volle Punktzahl	Aufgabe voll erfüllt und verständlich
	halbe Punktzahl	Aufgabe wegen sprachlicher und inhaltlicher Mängel nur teilweise erfüllt
	0 Punkte	Aufgabe nicht erfüllt und/oder unverständlich

Teil 1: je 1 Punkt für die Vorstellung, das Buchstabieren und die Nummern – insgesamt maximal 3 Punkte.
Teil 2: 2 Punkte pro Frage und 1 Punkt pro Antwort – insgesamt maximal 6 Punkte.
Teil 3: 2 Punkte pro Bitte und 1 Punkt pro Reaktion – insgesamt maximal 6 Punkte.

3. Benotung

In der Prüfung *Start Deutsch 1* gibt es insgesamt 60 Punkte. Diese werden mit dem Faktor 1,66 multipliziert; so kommt man auf maximal 100 Punkte. Bestehensgrenze: 60 Punkte.

Punkte	Note
90 – 100 Punkte	sehr gut (1)
80 – 89 Punkte	gut (2)
70 – 79 Punkte	befriedigend (3)
60 – 69 Punkte	ausreichend (4)
59 – 0 Punkte	nicht bestanden

ÖSD Zertifikat A1

1. Bewertung Schreiben

Teil 1: Ein halber Punkt pro richtig ausgefülltem Feld.

Teil 2:

Kommunikative Angemessenheit/ Textsorte	1 Punkt	trifft voll/teilweise zu
	0 Punkte	trifft kaum/nicht zu
Textaufbau/Textkohärenz	1 Punkt	trifft voll/teilweise zu
	0 Punkte	trifft kaum/nicht zu
Lexik	4 Punkte	trifft voll zu
	3 Punkte	trifft in hohem Maße zu
	2-1 Punkte	trifft teilweise zu
	0 Punkte	trifft kaum/nicht zu
Formale Richtigkeit	4 Punkte	trifft voll zu
	3 Punkte	trifft in hohem Maße zu
	2-1 Punkte	trifft teilweise zu
	0 Punkte	trifft kaum/nicht zu

2. Bewertung Sprechen

Teil 1:

Inhaltliche Angemessenheit: Aufgabe inhaltlich voll erfüllt = über 4 Themen ausreichend und im Ausdruck angemessen gesprochen	4 Punkt	trifft voll zu
	3-2 Punkte	trifft teilweise zu
	1-0 Punkte	trifft kaum/nicht zu

Teil 2:

Inhaltliche Angemessenheit: Aufgabe inhaltlich voll erfüllt = Bild/Situation hinreichend und im Ausdruck angemessen beschrieben	4 Punkt	trifft voll zu
	3-2 Punkte	trifft teilweise zu
	1-0 Punkte	trifft kaum/nicht zu

Teil 3:

Inhaltliche und kommunikative Angemessenheit: Aufgabe inhaltlich voll erfüllt = Kommunikationsziel erreicht; kommunikativ angemessen	4 Punkt	trifft voll zu
	3-2 Punkte	trifft teilweise zu
	1-0 Punkte	trifft kaum/nicht zu

Insgesamt werden für die drei Teile Sprechen auch einmalig Punkte vergeben für:
1. Ausdruck, Wortschatz (bis zu 5 Punkte)
2. Verständlichkeit, Aussprache und Intonation, Flüssigkeit (bis zu 4 Punkte)
3. Formale Richtigkeit (bis zu 4 Punkte)

3. Benotung

Die Schriftliche Prüfung ist bestanden, wenn von 75 Punkten mindestens 38 Punkte erreicht wurden. Es müssen in allen Fertigkeiten eine Mindestpunktzahl erreicht werden: Lesen mindestens 6 Punkte, Hören mindestens 6 Punkte, Schreiben mindestens 4 Punkte.
Die Mündliche Prüfung ist bestanden, wenn von 25 Punkten mindestens 12 Punkte erreicht wurden.

Punkte	Prädikat (Note)
100 – 88 Punkte	sehr gut
87 – 75 Punkte	gut
74 – 50 Punkte	bestanden
49 – 0 Punkte	nicht bestanden

Detaillierte Hinweise zu den Tests finden Sie auf den Webseiten von *Goethe-Institut* (*www.goethe.de*), *telc* (*www.telc.net*) und *ÖSD* (*www.osd.at*).

Quellenverzeichnis

Cover Dieter Mayr, München; **8.1** Shutterstock (milatas), New York; **8.2** Shutterstock (dotshock), New York; **10.1** Shutterstock (Mix and Match Studio), New York; **10.2** Shutterstock (Asier Romero), New York; **11.1** Dieter Mayr, München; **12.1** Shutterstock (sunfun), New York; **15.4-6** Shutterstock (Perutskyi Petro), New York; **15.16-18** Shutterstock (Jurik Peter), New York; **15.1** stock.adobe.com (nasimi), Dublin; **15.7** Shutterstock (Jack Jelly), New York; **15.8** Shutterstock (Iryna Denysova), New York; **15.9** Shutterstock (Jenny Sturm), New York; **15.10** Shutterstock (Cozine), New York; **15.11** Shutterstock (Alexandr III), New York; **15.12** Shutterstock (Olga Popova), New York; **15.13** Shutterstock (Nitikorn Poonsiri), New York; **15.14** Shutterstock (Baloncici), New York; **15.15** Shutterstock (aerogondo2), New York; **15.2-3** stock.adobe.com (Elena Schweitzer), Dublin; **16.1** Shutterstock (RossHelen), New York; **18.1** Getty Images (Luis Alvarez), München; **18.2, 20.3** Shutterstock (Photographee.eu), New York; **18.3** Shutterstock (Iakov Filimonov), New York; **18.4, 20.4** Shutterstock (dotshock), New York; **18.5** Getty Images (Prostock-Studio), München; **18.6** Getty Images (STEFANOLUNARDI), München; **19.1, 19.3, 41.1** Shutterstock (pixelliebe), New York; **19.2** Shutterstock (BigMouse), New York; **20.1** Shutterstock (goodluz), New York; **20.2** Shutterstock (YAKOBCHUK VIACHESLAV), New York; **30.1** Shutterstock (Dmitry Kovalchuk), New York; **30.2** Shutterstock (VectorV), New York; **30.3** Shutterstock (Lisses), New York; **30.4** Shutterstock (Butterfly Hunter), New York; **30.5** Shutterstock (Arcady), New York; **30.6** Shutterstock (LDDesign), New York; **31.1** Shutterstock (Phovoir), New York; **31.2** Shutterstock (Daxiao Productions), New York; **31.3** Shutterstock (gpointstudio), New York; **31.4** Shutterstock (sirtravelalot), New York; **31.5** Shutterstock (MRProduction), New York; **31.6** Shutterstock (ALPA PROD), New York; **34.1** Getty Images (Hinterhaus Productions), München; **34.2** Shutterstock (Golubovy), New York; **34.3** Shutterstock (Fasttailwind), New York; **34.4** Shutterstock (BurAnd), New York; **36.1** Shutterstock (VECTOR FUN), New York; **37.4-6** Barbara Jung, Frankfurt; **37.13-15** Shutterstock (FARBAI), New York; **39.1** Shutterstock (DanKe), New York; **39.2** Getty Images (A-D-F), München; **39.3** Getty Images (We-Ge), München; **39.4** Shutterstock (AS Food studio), New York; **43.1** Getty Images (Hispanolistic), München; **43.2** Shutterstock (Nomad_Soul), New York; **43.3** Shutterstock (GalacticDreamer), New York